T0277521

Viajes
que cambiaron
nuestra forma de ver
EL MUNDO

PEDRO GARGANTILLA MADERA

VIAJES
QUE CAMBIARON NUESTRA FORMA DE VER
EL MUNDO

DESDE LA ODISEA DE ULISES Y LAS ANDANZAS
DE MARCO POLO HASTA LOS 108 DÍAS DE YURI
GAGARIN Y EL PEQUEÑO PASO DE NEIL ARMSTRONG

PEDRO GARGANTILLA MADERA

Pinolia

© Editorial Pinolia, S. L.

© 2022 Pedro Gargantilla Madera

Primera edición: agosto de 2022

www.editorialpinolia.es
info@editorialpinolia.es

Diseño: Irene Sanz Cerezo

Maquetación: Natalia David

Diseño de cubierta: Alvaro Fuster-Fabra

Reservados todos los derechos. «No está permitida la reproducción total o parcial de este libro, ni su tratamiento informático, ni la transmisión de ninguna forma o por cualquier medio, ya sea mecánico, electrónico, por fotocopia, por registro u otros métodos, sin el permiso previo y por escrito de los titulares del copyright».

Depósito legal: M-16471-2022
ISBN: 978-84-18965-40-1

Impresión y encuadernación: QP Quality Print Gestión y Producción Gráfica, S. L.

Printed in Spain - Impreso en España

A Alejandro, Ana, Andreas, Arturo, Carmen y María,
los grumetes del Amaya.

ÍNDICE

PRÓLOGO

Ya lo decía San Agustín, «el mundo es un libro y quienes no viajan, leen solo una página».[1] Viajar es abrir una ventana al conocimiento y a la curiosidad, al tiempo que se cierra una puerta al egoísmo, al rencor y a la intolerancia. Hay viajes que cambian nuestra forma de ser, de ver las cosas y que son intransferibles, basta pensar en ellos para que se dibuje una sonrisa en nuestro rostro.

Los mejores viajes no tienen por qué ser largos ni terminar en playas paradisiacas, lo más importante es la compañía. Mi último viaje ha sido a bordo del velero Amaya —un Jeanneau Sun Odyssey 349— por la ría de Pontevedra junto a unos buenos amigos. Si cierro los ojos todavía puedo sentir la brisa del mar, la agradable sensación de la inmensidad, entre el azul del cielo y la profundidad del mar, con el horizonte abierto.

Y es que los *Homo sapiens* somos viajeros por naturaleza, somos eternos migrantes, unos intrépidos viajeros que abandonamos la sabana africana hace mucho tiempo, emprendiendo un viaje que todavía no ha terminado.

La primera travesía fue por tierra, hacia Oriente Medio, luego vendrían los viajes marítimos que nos llevarían a afrontar nuevos retos, como el que hizo Piteas rumbo a las auroras boreales o los viajes de Marco Polo, y recientemente hemos dominado los cielos.

1 Peter Brown, *Augustine of Hippo* (University of California Press. 2000).

Los seres humanos nunca pusimos freno a nuestra imaginación ni nos hemos dejado vencer por nuestras limitaciones, gracias a ese ímpetu fuimos capaces de dar la primera vuelta al mundo en barco, alcanzar los polos geográficos, hollar el Everest y viajar hasta la Luna. ¿Cuál será el próximo reto? Está por ver.

Sanxenxo, junio de 2022

1. AFRICANOS POR EL MUNDO

Somos una gran familia de intrépidos viajeros y nuestra historia, la de la humanidad, está repleta de respuestas exitosas en la búsqueda de la adaptación al cambio.

No existe ningún género de duda, los seres humanos somos migrantes, venimos de África y, desde allí, nos extendimos por todo el mundo. Resulta verdaderamente paradójico que ahora miremos hacia otro lado ante la presencia de frágiles pateras repletas de africanos que intentan huir de la pobreza y emprender una nueva vida en eso que hemos calificado como «primer mundo».

En África aparecieron los primeros representantes del género *Homo* hace cerca de tres millones de años, un vocablo que engloba a la enorme diversidad de especies humanas y de las que tan solo queda un único representante, nosotros.

Nuestros antepasados más directos partieron en busca de un escenario con más recursos hace unos setenta mil años, pero no fueron los primeros, otros ya lo hicieron con anterioridad, hace más de cien mil años. En ese éxodo también nos encontramos a otros *Homo*, así por ejemplo el *Homo heidelbergensis* abandonó el continente africano hace unos seiscientos mil años y, con anterioridad, lo había hecho el *Homo erectus*, el patriarca de la familia humana.

Sobra decir que ninguno de aquellos intrépidos viajeros disponía de GPS, ni siquiera de arrugados y frágiles mapas que les pudieran indicar el camino más corto o el punto exacto en el que abandonaban su antigua residencia. Cada generación se fue desplazando un poco más lejos de donde habían habitado sus padres y sus abuelos, y con el transcurrir de los siglos ninguno fue ya capaz de recordar de donde procedían. Nosotros hemos podido reconstruir ese viaje a través de los restos fósiles

El *Homo erectus,* un ejemplo a seguir

Sabemos que el *Homo erectus,* al que podríamos calificar como el ·«*Homo* de las mil caras», surgió en África hace unos dos millones de años, a pesar de que los primeros restos de esta especie los encontraron primero en Indonesia y más tarde en China. Inicialmente los paleontólogos llegaron incluso a dudar que los especímenes africanos fueran una especie diferente por lo que les bautizaron como *Homo ergaster.* Ahora sabemos que *Homo erectus* y *Homo ergsater* representan dos poblaciones diferentes, una asiática y otra africana, pero dentro de una misma especie.

El *Homo erectus* aprendió a usar el fuego y, muy probablemente, realizó las primeras muestras artísticas. Además, fue el primer homínido en hacer hachas de piedra de dos lados —herramientas achelenses—. La verdad es que es una especie fascinante, que no deja de sorprendernos y que tiene un *curriculum vitae* lleno de «primicias».

Fue el primer homínido que tuvo unas proporciones similares a las nuestras, era más alto que sus antecesores y tenía unos miembros inferiores más largos y unos brazos más cortos. Disponía de todos los atributos para triunfar, por una parte, tenía un «cuerpo moderno», un paso firme y adecuado que le permitía recorrer grandes distancias, una inteligencia lo suficiente desarrollada como para hacer frente a entornos desconocidos y una tecnología mejorada.

Viajero dentro y fuera de África

En el África oriental se ha encontrado una enorme cantidad de herramientas y fósiles de *Homo erectus,* lo cual hizo pensar inicialmente a los científicos que muy posiblemente había evolucionado por vez primera en el Valle del Rift. Sin embargo, un cráneo de esta especie fechado con una antigüedad de 2,04 millones de años y encontrado en Sudáfrica, hizo reescribir el guion, y es que su «viaje» había empezado antes de lo que se pensaba. Primero se movió por África y progresivamente fue moviéndose a otros continentes. El *Homo erectus* salió del escenario africano y pobló el suroeste de Asia, a través de la península del Sinaí, lo que lo llevó a Oriente Próximo, desde donde se extendió por Eurasia.

Muy probablemente el *Homo erectus* abandonó África hace 1,7 millones de años y lo hizo en varias oleadas, durante un tiempo tan largo que dio tiempo a otras especies a surgir, florecer y extinguirse. Un dato que nos pone en la pista de la longevidad de la esta especie.

Su último refugio fue la isla de Java, donde se han encontrado restos de hace «tan solo» ciento diez mil años. Dentro de las especies humanas, el *Homo erectus* ha sido la más exitosa hasta la fecha. Un ejemplo a seguir por todos nosotros, que llevamos a nuestras espaldas únicamente trescientos mil años.

El *Homo sapiens* abandonó África muy rápido

En los últimos años se han producido grandes hallazgos en el terreno de la antropología, lo cual ha obligado a realizar nuevos enfoques y a corregir de forma continua la historia de la humanidad.

A la luz de los últimos hallazgos es muy poblarle que nosotros emergiéramos hace unos trescientos mil años y nos expandiéramos desde la cuna africana por todo el planeta utilizando el corredor de Oriente Próximo. Los restos de *Homo sapiens* más antiguos que se han encontrado, hasta la fecha, han sido los del yacimiento Jebel Irhoud (Marruecos), un hallazgo que movió el espacio y el tiempo de los orígenes de nuestra especie. Hay que tener presente que en aquellos momentos el Sáhara no se parecía ni de lejos al actual. Era un verdadero Edén, con un cromatismo que oscilaba entre el verde y el azul, por la abundancia de lagos y ríos.

A pesar de todo, este hallazgo no implica que los primeros humanos surgieran en el actual Marruecos, sino que evolucionaron y se movieron a lo largo de todo el continente africano antes de abandonarlo. Durante mucho tiempo las pruebas disponibles hacían pensar que permanecimos en el continente hasta hace unos ciento veinte mil años. Sin embargo, un fósil descubierto en la cueva de Misliya (Israel) tiene una antigüedad de entre ciento setenta y siete mil y ciento noventa y cuatro mil años, lo que significa que el hombre moderno salió de África unos sesenta mil años antes de lo que se pensaba. Lo dicho, una familia de valerosos viajeros.

2. ULISES REGRESA A CASA

El mítico personaje hizo, al menos, tres viajes a lo largo de su vida: la ida hasta Troya, un descenso a los infiernos y el retorno a su amada Ítaca

Ulises, rey de Ítaca, hijo de Leartes y Anticlea, esposo de Penélope y padre de Telémaco, puede ser considerado el primer viajero de la literatura occidental. Sus aventuras y desventuras las conocemos gracias a un bardo, al poeta griego Homero.

El primer viaje fue forzado, por mucho que nos cueste imaginarlo no tenía ningún interés en acudir a la guerra de Troya. Tras conocerse la noticia de que Helena, la esposa del rey Menelao, había sido secuestrada, los aqueos comenzaron a hacer equipo. En uno de los primeros en los que pensaron fue en el imaginativo Ulises. Por ese motivo, hasta su isla se desplazaron para reclutarlo el propio Menelao y Palámedes de Argos, sin embargo, lo que allí se encontraron les despojó de toda esperanza de contar con su presencia. Ulises había perdido el juicio y estaba arando la arena de una playa que previamente había sembrado con sal. Palámedes, no del todo convencido de que sus ojos le mostraban, cogió súbitamente a Telémaco y lo dispuso en el surco por donde tenía que pasar el arado de Ulises. Tal y como él había imaginado, cuando estaba a punto de arrollarlo, esquivó a su hijo para no herirle. ¡Ulises estaba fingiendo una enajenación mental para escabullirse!

Antes de partir se le encomendó que reclutase a Aquiles, el de los pies ligeros. Su madre —la diosa Tetis— sabía que si participaba en la guerra moriría, para evitarlo lo disfrazó de mujer y lo envió a la corte del rey Licómenes. Hasta allí se desplazó el rey de Ítaca oculto bajo las ropas de un comerciante de telas. Al penetrar en una de las habitaciones, observó que una de las doncellas guardaba entre sus ropajes una espada y desenmascaró a Aquiles, que al igual que le había sucedido a él, no tuvo más remedio que unirse a la expedición aquea.

El desenlace de la Guerra de Troya es por todos conocido, se cumplió el vaticinio del oráculo, Aquiles murió a consecuencia de una flecha que disparó Paris y la contienda se decantó del lado del bando griego gracias a la astucia de Ulises. Donde verdaderamente nos interesa detenernos en nuestro relato es en el viaje de retorno a Ítaca.

La Odisea nos cuenta un viaje de regreso —*nostoi*—, una larga travesía llena de peligros, entre los que no faltan las criaturas mitológicas. Para mantener la atención del lector, Homero utiliza un procedimiento literario conocido como *in media res*, que consiste en iniciar la narración a mitad de la historia, es decir, la lectura arranca cuando la mayoría de los acontecimientos ya han ocurrido o se encuentran en evolución, a lo largo del relato retrocede y pasa a explicar el inicio de la historia.

El poema épico está estructurado en veinticuatro cantos y se divide en tres partes claramente diferenciadas: telemaquia, el regreso y la venganza. En la telemaquia, que incluye los primeros cuatro cantos, se narra la historia de Telémaco, quien decide partir en busca de su padre. El regreso, comprende desde el canto cinco al doce, allí se nos cuentan las aventuras y desventuras del viaje. Finalmente, desde el canto trece hasta el final la acción se desarrolla en Ítaca, con la recuperación del trono y el regreso al lado de su querida Penélope.

Mitología en estado puro

Una de las primeras desventuras que sufren Ulises y sus compañeros transcurre en la isla de Ogigia, donde vivía la ninfa Calipso —en griego significa «la que oculta»—. Desde un primer momento se quedó prendada del héroe aqueo, hasta el punto de no dejarles abandonar la isla durante seis largos años. Intentó todo tipo de ardides para que Ulises permaneciese a su lado, incluso llegó a ofrecerle la inmortalidad. Todo fueron negativas, su corazón pertenecía a Penélope.

Como el tiempo se prolongaba más de lo necesario tuvo que intervenir el propio Zeus, que ordenó a la ninfa que les dejase marchar. Calypso les proporcionó grandes troncos con los que construyeron una balsa que les permitiría llegar hasta Ítaca.

Nada más reanudar el viaje se tuvieron que enfrentar a la furia de Poseidón, el dios del mar, que estaba muy enojado con Ulises por haber dejado tuerto a Polifemo, su hijo predilecto. Después de sufrir varias tempestades, el héroe, cual náufrago, llegó a una de las playas de la isla Esqueria, donde habitaban los feacios.

Allí fue descubierto por Nausícaa, la hija del rey, mientras jugaba con sus compañeras. La princesa se apiadó de su maltrecho aspecto, le ofreció ropa con la que vestirse y le condujo al palacio de su padre, donde fue acogido como un invitado de lujo, al tiempo que el monarca le pidió que relatase su viaje desde que partió de Troya, de lo cual hacía ya casi diez años.

Ulises le contó lo sucedido con los cícones, los lotófagos y como pudo escapar con vida de la cueva de Polifemo. Los cícones, habitantes de Tracia, entre el río Axio y Hebro, fueron atacados por sorpresa por Ulises y sus compañeros, les quemaron sus ciudades y capturaron a sus mujeres, pero más tarde, fueron atacados por ellos y muchos de los compañeros del rey de Ítaca acabaron falleciendo.

En su fuga, el viento y las corrientes marinas les llevaron hasta la tierra de los lotófagos —los que comen loto—. En aquel remoto lugar crecía una planta que provocaba el olvido y pérdida de la identidad de todos aquellos que comieran de sus hojas.

Más adelante Ulises le cuenta que llegó a la isla de los Cíclopes, donde vivía Polifemo, un monstruoso gigante que les atrapó y encerró en lo más profundo de una cueva con la única intención de acabar con su vida. Afortunadamente, la sagacidad de Ulises les permitió salir airosos de esta aventura.

Y es que cuando Polifemo le preguntó por su nombre, Ulises le dijo que se llamaba «*outis*» —en griego significa «nadie»—. Después de una animada conversación en la que no faltó el alcohol el gigante cayó en profundo sopor, momento que aprovecharon los griegos para arrancarle su único ojo. El terrible dolor despertó a Polifemo que comenzó a gritar pidiendo ayuda a sus compañeros, explicándoles que Nadie le había dejado ciego. Evidentemente, los otros Cíclopes entendieron que o bien estaba loco o bien era fruto de los efluvios del alcohol.

Alcínoo, impresionado por todas aquellas narraciones, prometió ayudar a Ulises a regresar a su hogar, pero primero celebraría una gran fiesta en su honor. En ella un aedo —Demódoco— relató a los presentes una historia relacionada con la guerra de Troya, un relato que hizo llorar a Ulises. Y es que los héroes griegos también lloran.

Ya recuperado, Ulises continuó con la descripción de su relato. En el canto diez narra su llegada a la isla de Eolo, hijo de Hípotes, donde recibió una bolsa elaborada con pellejo de buey y que encerraba poderosos vientos capaces de conducirlo a cualquier destino. Con la ayuda del Céfiro navegaron durante nueve días, pero al décimo, una vez avistada tierra y mientas Ulises dormía plácidamente, uno de sus hombres abrió la bolsa para ver qué contenía y los vientos aprovecharon la ocasión para salir, desencadenando una terrible tormenta. Tras siete días de larga navegación, consiguieron llegar a la isla de los lestrigones, donde unos gigantes devoraron a algunos compañeros de Ulises y enviaron al fondo del mar a todos los barcos excepto uno.

La tripulación superviviente consiguió llegar hasta la isla Ea, la morada de la hechicera Circe, quien mediante el empleo de pociones mágicas, a sus enemigos y a todos aquellos que la ofendían, les hacía olvidar su hogar y los transformaba en animales. Por lo que Circe transformó a parte de la tripulación en cerdos, excepto a Ulises que, gracias a Hermes que le aconsejó que se protegiera con la planta moly, pudo obligarla a que devolvería a sus hombres a la forma humana.

Como había sucedido con Calipso, se acabó enamorando del héroe y lo ayudó a regresar a casa después de mantenerles durante un año con ella. Circe advirtió a Ulises que, si deseaba regresar a su hogar, primero tendría que descender al inframundo. El segundo de los viajes.

En el canto once, Ulises continúa relatando a Alcínoo su descenso a la puerta del infierno, donde consultó al adivino Tiresias, quien le vaticinó que regresaría a su patria, pero que lo haría después de un complicado viaje.

En el canto doce conocemos cómo Ulises y sus hombres, ya de nuevo *en ruta*, consiguieron escapar de las garras de Escila y Caribdis, de las voces de las sirenas y de cómo llegaron a la isla de Helio —Trinacia—.

Escila y Caribdis eran dos monstruos marinos que estaban parapetados uno a cada lado de un estrecho canal de agua. Escila vivía en los acantilados y tenía doce patas y seis cuellos, con los que atraía y devoraba a todo aquel que osase acercarse; por su parte Caribdis tragaba una gran cantidad de agua tres veces al día para devolverla formando un peligroso remolino que absorbía todo lo que estaba a su alcance. Circe les aconsejó pasar junto a Escila.

En Trinacia, desoyendo los consejos que en su momento les dio la hechicera Circe, mataron y degustaron las vacas prohibidas de Helios, motivo por el cual Zeus les castigó con un rayo que destruyó la nave y mató a todos los hombres, a excepción de Ulises.

Tras finalizar su relato, los feacios ayudaron a Ulises a continuar su camino, gracias a lo cual consiguió arribar a su patria disfrazado de vagabundo, con el deseo de pasar inadvertido. Al final, como las grandes superproducciones de Disney, el relato de Homero tendrá un *happy ending*, Ulises recuperará su trono y el amor de Penélope.

Un último apunte, a los lectores de Homero, sin duda, nos hubiera gustado saber el nombre de la nave de Ulises, pero desgraciadamente esto no se menciona en ninguno de sus cantos.

3. EL PLACER DE VIAJAR POR EL MUNDO ANTIGUO

La *Historia* de Heródoto abrió los ojos a sus contemporáneos, mostrándoles tradiciones, lugares y modos de vida totalmente diferentes

Heródoto (485-425 a. C.), el padre de la historia, fue un viajero, geógrafo y etnógrafo curioso e impenitente que exploró el mundo mediterráneo. Nació en Halicarnaso, una ciudad griega situada en la costa sudoccidental de Caria en el mar Egeo, lugar en el que, tiempo después, el poderoso rey Mausolo erigiría un monumento funerario que haría perdurar su gloria y la de su esposa durante siglos.

Nació un poco antes de la Segunda Guerra Médica, en un momento en el que la ciudad estaba sometida por una dinastía de tiranos y vasallos de Persia. Sabemos que participó en un complot para destronar a Lígdamis, por lo que sería desterrado a la isla de Samos, donde se aficionó a la escritura de relatos históricos, geográficos y etnográficos.

Nueve libros de «historias»

A lo largo de su vida viajó por el mundo de las colonias griegas de Oriente, viajó hasta Egipto, Macedonia, Siria, Fenicia, Babilona y Escitia. A pesar de todo, no existe documentación suficiente que acredite que estuvo en Susa, la capital del imperio persa. Sus viajes culminaron con la visita a las ciudades griegas, así como los campos de batalla de las guerras médicas. De esta forma, pudo trazar su «gran historia de la antigüedad».

El fin último de estos viajes no era otro que la contemplación y la investigación, a las cuales alude al comienzo de su *Historia*, en los que establece una serie de *logoi* —tratados—, cada uno con una temática diferente. Nos advierte que con sus libros no trata de contar mitos sino «los hechos de los hombres» a través de una investigación personal —*apodexis histories*—.

En algunos de sus nueve libros nos explica el método que llevó a cabo en su investigación, que comprendía desde la contemplación de lugares y monumentos hasta la entrevista con los lugareños en busca de indicios —*semeia*—. De tal suerte que se entrevistó con los escribas persas y los sacerdotes egipcios, en la búsqueda de «lo cierto» —*hos eikos*—. En algunas ocasiones refiere que dispuso de varias fuentes y que eligió aquella versión que le pareció más coherente y verosímil —*eikos*—. Tal es así que su ensayo se convierte en pionero de la investigación etnográfica.

Homero comenzó la *Ilíada* invocando a la «Musa divina» como la inspiradora de su obra, por su parte, Heródoto puso su nombre en la primera línea del relato, una firma personal que debía ser entendida como una garantía de veracidad. A pesar de todo, los estudiosos han encontrado en su obra algunos paralelismos con la *Ilíada*:[2]

- Hay una acción que aparece desde el comienzo, pero que tiene digresiones, retrocesos, interrupciones y anticipaciones, en definitiva, un compendio de particularidades que podían haber sido obviadas.
- Aparecen listas de ejércitos, pueblos… y a medida que nos acercamos al núcleo de la acción la narración se vuelve más rectilínea.
- No presenta los hechos de forma cronológica, pero lo hace de forma consciente, no por descuido o falta de revisión.

---

2 Christopher Pelling. *Homer and Herodotus. In Epic Intentions: perspectives on Homer, Virgil and the Epic tradition* (Editado por MJ Clarke, BGF Currie, ROAM Lyne. 2006).

- Se cuenta la gloria de los héroes, si bien se hace sin el tono solemne que utiliza el bardo griego.
- Ambos escriben para salvar del olvido los hechos de los hombres y sus gestas.

Los macrobianos y el secreto de la juventud

Homero viajó hasta Jonia, la región en la que surgió la filosofía, allí visitó Mileto y Éfeso, ciudad a la que dedica una buena parte de su libro primero. Nos cuenta que sus habitantes dirigieron sus oraciones a Artemisa durante la conquista de Asia Menor y, al parecer, unieron con una soga la ciudad al templo de la diosa.

En el libro primero nos habla, también, del reino de Lidia, de las riquezas del rey Creso y de cómo fue conquistado por el persa Ciro. Otro de los reyes que allí aparecen recogidos es Candaules, que estaba locamente enamorado de su esposa, a la que pregonaba como la más bella mujer del mundo. Como Giges, uno de sus generales, no estaba firmemente convencido de sus palabras y de la belleza de su esposa, le instó a esconderse en secreto en su alcoba mientras la reina se desnudaba antes de meterse en su lecho.

Desgraciadamente, ella se dio cuenta de que la observaba y se sintió mancillada, por lo que al día siguiente hizo llamar a Giges a su presencia. Le dio a escoger entre dos opciones, o bien morir asesinado por ver lo que no debía, o bien matar a Candaules y casarse con ella. Giges, acorralado, eligió la mejor de las opciones, la segunda. De esta forma nos dice Heródoto se «hizo con la mujer y con el reino de los lidios».

En el libro III el jónico hace referencias a un pueblo de etíopes longevos —los macrobianos— que habitaban al sur de la colonia de Libia, en la zona más meridional de la ecúmene. Nos cuenta que su longevidad se debía a la existencia de una fuente cuya agua tenía una densidad tan baja que nada podía flotar en ella y que exhalaba olor a violetas, lo que le proporcionaba a la piel un tacto untuoso. Gracias a todo esto los macrobianos eran capaces de vivir mil años en perenne juventud.

Egipto, el don del Nilo

El libro segundo nos narra su viaje por Egipto, al que califica como el «don del Nilo». Se da por seguro que estuvo en Tebas y Elefantina, remontando el río, y que deseaba averiguar «por qué el Nilo crece a comienzos del solsticio de verano y continúa creciendo durante cien días...».

Según Heródoto el constructor de la gran pirámide de Guiza fue el faraón Keops, un tirano que sumió a los «egipcios en una completa miseria». Retrata al faraón como un déspota que sometió a sus súbditos en un estado de semiesclavitud: «... ordenó a todos los egipcios que trabajasen para él (...) a unos les encomendó la tarea de arrastrar bloques de piedra (...) a otros hacerse cargo de los bloques...».

También nos cuenta el cariño que le tenían los egipcios a los animales, como los gatos muertos eran embalsamados y trasladados a edificios sagrados en la ciudad de Bubastis, llevaban a los halcones a la ciudad de Buto y a los ibis a Hermópolis.

El tercer libro comienza con la conquista del Nilo por el rey Cambises para retornar rápidamente a las historias del reino de los persas. Y es que Heródoto dedicó una parte importante de su obra a la cultura de este imperio, a sus gobernantes, a sus costumbres y a las guerras que los enfrentaron contra los griegos.

En el libro primero nos cuenta cómo los babilonios que presentaban algún tipo de enfermedad salían a la calle, se sentaban y esperaban hasta que algún transeúnte se parara frente a ellos y, en el caso de haber padecido los mismos síntomas, le diera un consejo sobre cómo superar su enfermedad.

El libro cuarto tiene dos *logoi*, uno referido a los escitas y otro a Libia. Utiliza el término «Libue» para referirse al continente africano, y es que los libios, propiamente dichos, serían los norteafricanos de piel clara, mientras que los del sur de Egipto, junto con los de la isla Elefantina, serían los etíopes.

Nos describe la curiosa forma que tenían los escitas de sellar su juramento, lo hacían vertiendo vino en una «... gran copa de cerámica y mezclándolo con sangre de los que prestan el juramento, haciéndoles previamente una punción con una lezna o una ligera incisión en el cuerpo mediante un cuchillo (…) finalmente beben el contenido de la copa». Hay que tener en cuenta que egipcios y escitas eran dos polos antagónicos, tanto en el aspecto físico, como en lo moral.

En definitiva, la *Historia* de Heródoto abrió los ojos de los helénicos, a través de un estilo espontáneo y sencillo que les permitió conocer la existencia de ríos diferentes a los de la península del Peloponeso, animales exóticos y costumbres diametralmente opuestas a las suyas. Lo hizo con un estilo directo, dirigiéndose al lector como si de un amigo se tratase, con el que discute y al que le cuenta su viaje.

Por todo ello, su obra recibió una excelente acogida en Atenas, cuya lectura pública obtuvo un premio público. Corrían entonces el año 445-444 a. C.

4. MÁS ALLÁ DE LAS COLUMNAS DE HÉRCULES

Hannón, un comerciante fenicio, consiguió llegar hasta el golfo de Guinea

Los fenicios fueron los mayores navegantes de la Antigüedad, en sus barcos llevaron el alfabeto, el hierro y el color púrpura. Dominaron un mar al que, antes de que los romanos lo bautizaran como Mare Nostrum, se conocía como Tyria Maria, es decir, mar tirio o fenicio.

Hay que matizar que el nombre étnico que los fenicios se daban a sí mismos era el de «canaaneos» —hijos de Canaán—, que coincide con el pueblo cananeo que aparece citado en más de una ocasión en los relatos bíblicos. Los griegos, por su parte, los llamaron *phoeniki* —rojos— en alusión al comercio que desarrollaron en torno al púrpura, un tinte que obtenían de los moluscos del género *murex,* muy abundante en sus costas.

Los cananeos fueron un pueblo de agricultores, artesanos, navegantes, comerciantes y colonizadores. Geográficamente habitaron una estrecha franja de terreno ubicada entre dos grandes imperios, el hitita y el egipcio, que no generaba los suficientes recursos agrícolas como para sustentar una población en continuo crecimiento demográfico.

Hay que señalar que esta región nunca fue una nación políticamente unida, pese a compartir una misma cultura. Se encontraba fragmentada en pequeños reinos, autónomos e independientes entre sí, cuya capital era una ciudad fortificada o un emplazamiento insular próximo a la costa.

Hacia el 1200 a. C., en el tránsito de la Edad del Bronce a la Edad de Hierro, hubo un periodo de grandes cambios, durante el cual los llamados «pueblos del mar» causaron enormes destrucciones, lo cual provocó que las ciudades fenicias —Biblos, Tiro, Sidón, Ruad y Amrit— se reforzaran. Fue precisamente en ese momento cuando los fenicios comprendieron que la única solución viable a su situación geográfica y económica, era la expansión por mar.

El dominio de la construcción naval, la orientación en alta mar mediante la estrella Fenicia —nuestra estrella Polar—, el conocimiento de corrientes y de vientos les permitió, con el paso del tiempo, desarrollar la ruta más larga del mundo antiguo, la que unía Tiro y Gadir (Cádiz). De esta forma relevaron a la talasocracia creto-micénica en el dominio del mar Mediterráneo. De forma progresiva este pueblo inició navegaciones desde Oriente hacia Occidente, a principios del siglo IX a. C. llegaron a Chipre, Kition fue la primera fundación de Tiro y desde allí alcanzaron Libia, donde se fundó Azua y Cartago.

La dominación de asirios y neobabilónicos sobre Fenicia propició que Cartago se convirtiese en la heredera de Tiro, la metrópoli, en cuanto a establecimiento de redes comerciales se refiere.

Un pueblo comerciante

Los fenicios fueron fundamentalmente un pueblo comerciante y marino, que no manifestó el deseo de establecer un imperio terrestre. Para desarrollar la red comercial a lo largo y ancho del mar Mediterráneo, contaron con una enorme flota de barcos mercantes, los cuales disponían de quilla, que no solo permitían la navegación de cabotaje, sino que además posibilitaba adentrarse en alta mar.

Sus embarcaciones eran de pequeñas proporciones (veinte metros de eslora y seis metros de manga), de aspecto panzudo, que concedía una enorme estabilidad a la nave, al tiempo que aumentaba considerablemente la capacidad en las bodegas. Los barcos estaban fabricados con la madera procedente de los cedros del Líbano, su vela era cuadrada, la popa disponía de dos timones y era habitual que en la proa hubiese un animal esculpido, generalmente un caballo. De forma característica en la proa de los barcos fenicios aparecían dibujados dos grandes ojos, para que la nave pudiera, en sentido figurado, visualizar su camino, además de atemorizar a los enemigos.

En sus actividades mercantiles utilizaron, inicialmente, el trueque. Se cuenta que dejaban en las playas la mercancía y se alejaban con sus barcos a una distancia prudencial. La población autóctona se acercaba valoraba el género y depositaba los objetos que consideraban equivalentes, alejándose a continuación tierra adentro. Era en ese momento cuando los fenicios regresaban nuevamente a la playa para juzgar los objetos depositados, si el trueque era de su agrado lo recogían y se marchaban, en caso contrario volvían a distanciarse, esperando que los indígenas aportasen más objetos.

La invención de la moneda (a comienzos del siglo VII a. C.) por parte de los lidios, ayudó en gran medida al comercio fenicio, facilitó los intercambios, universalizó el comercio e incrementó la capacidad para atesorar sus riquezas. El comercio fenicio no excluía las acciones de saqueo y la captura de esclavos, una de las mercancías más valiosas de la antigüedad.

Los fenicios mercadeaban con todo tipo de productos, así vendían el incienso y la mirra de Arabia; las piedras preciosas, las especias y el marfil de la India; la seda de la China; los esclavos y los caballos del Cáucaso; el oro de Libia —África—; la plata de Iberia; el bronce de Chipre y el estaño de las islas Casitérides —las islas británicas—. Sin embargo, poco a poco se fueron especializando en aquellos objetos de poco peso y valor añadido, como podían ser las joyas, la cerámica, las tallas de marfil o los tejidos.

Los comerciantes fenicios iban en busca de metales y objetos metálicos en el Occidente mediterráneo que intercambiaban por herramientas y armas de hierro de fabricación propia, más resistentes y baratas de producir. En este sentido, los fenicios fueron los introductores del hierro en la península ibérica. Con los objetos conseguidos regresaban a Fenicia, donde lo fundían y los convertían en objetos de lujo.

Los fenicios exportaron también dos productos locales: el vidrio y el púrpura. Parece ser que fueron los inventores de los objetos fabricados con pasta vítrea, que obtenían a partir de la arena del Líbano. *A priori* podríamos pensar que este elemento no tiene nada de refinado ni noble, sin embargo, contiene gran cantidad de cuarzo, que es ácido silícico en forma cristalina. Si este mineral es mezclado con bicarbonato sódico y con algunas sustancias alcalinas (piedra caliza, mármol o creta) y la mezcolanza se calienta hasta alcanzar los 700-800 °C se obtiene un producto viscoso y solidificable —el vidrio— con el que se pueden elaborar adminículos transparentes.

En paralelo a la industria vítrea, surgió la fabricación tiro-sidónica de la púrpura. Básicamente consistía en frotar la lana contra la parte trasera de los moluscos de los géneros *Murex brandaris* y *Murex trunculus*, donde se encuentran las glándulas secretoras de estos animales. De esta forma, se obtenía inicialmente una mancha amarillenta que al ser rociada con zumo de limón tornaba azul, luego rojo y, finalmente, púrpura.

La enorme dificultad en la elaboración y el hedor que acompañaba a la fabricación del tinte explica que las telas púrpuras procedentes de la industria fenicia fueran objetos de lujo, destinado a un selecto público. Durante mucho tiempo el púrpura estuvo reservada a reyes y senadores romanos. Se ha calculado que para obtener un gramo de púrpura era preciso emplear más de diez mil moluscos. Estrabón describió que en la época del emperador Augusto las callejuelas de Tiro eran focos de pestilencia.

Gadir, la joya de occidente

Se atribuye a los fenicios la invención del alfabeto, un sistema para representar los fonemas de las palabras pronunciadas, que simplificaba enormemente el sistema silábico de los cretenses. Su alfabeto era de enorme sencillez, tenía veintidós signos consonánticos, a los que luego se añadirían vocales, se utilizaba para llevar la contabilidad, sin recurrir a la necesidad de escribas, y para facilitar la tarea de los comerciantes.

Con posterioridad, el alfabeto fenicio sería adoptado y modificado por los griegos, a algunas letras les asignaron el valor de vocal, variaron la pronunciación de otras y agregaron algunos símbolos, para representar sonidos inexistentes en el alfabeto fenicio. El alfabeto latino procede del etrusco, que a su vez fue una adaptación del griego.

Este pueblo de marineros fue uno de los primeros en difundir la viticultura desde el área sirio-palestina a lo largo del Mediterráneo y la introdujeron en la península ibérica. Este hecho supuso una auténtica transformación en el paisaje, la economía y la cultura de las regiones en las que establecieron colonias.

La medicina fenicia, como en la mayoría de civilizaciones arcaicas, unió los conocimientos terapéuticos con la religión, la fe, los rituales y la magia. Este pueblo empleó el agua como medio terapéutico —hidroterapia— bajo la veneración y el culto a Baal y Astarté. En todas las colonias el agua fue un elemento indispensable en los rituales terapéuticos y regeneradores, por lo que se construyeren santuarios en zonas con aguas termales que favorecían la recuperación de los pacientes a través de la purificación.

En cuanto a la religión, los principales dioses del panteón fenicio eran tres: Baal —dios solar—, Astarté —diosa de la fecundidad y el amor— y Melqart —héroe luchador que nace y muere anualmente—. Además, había dioses menores, entre los cuales se encontraban divinidades extranjeras.

Una de sus costumbres más criticadas por otras culturas coetáneas era la de la prostitución ligada a los templos de Astarté. En algunos textos se señala que todas las mujeres debían servir, al menos una vez en la vida, como prostitutas en los templos, donde incluso se ofrecía la virginidad. Además, había mujeres que ejercían una función de sacerdotisas-prostitutas, que eran contratadas por los marineros, quienes reportaban grandes beneficios a los templos. Es posible que las *puellae gaditanae*, bailarinas andaluzas descritas por los romanos Marcial y Juvenal, fueran un reflejo tardío de las prostitutas sagradas de la diosa.

Más criticado aún era el rito del sacrificio de los niños a Molock, representado como un ser antropomorfo, con figura humana y cabeza de carnero, sentado en un trono y con una corona u otro distintivo de realeza. En los templos en los que se rendía culto había una enorme estatua de bronce del dios, hueco y parecida a un gran horno. Tenía la boca abierta y los brazos extendidos, con las manos juntas y las palmas hacia arriba. En el vientre de la estatua se encendía el fuego, a donde iban a parar, desde la boca, los bebés que se sacrificaban.

La tradición afirma que Gadir —la perla de Occidente— fue fundada hacia el año 1104 a. C., tan solo ochenta años después de la caída de Troya. Según Estrabón, la ciudad la fundaron los fenicios procedentes de Tiro siguiendo las indicaciones de un oráculo. Llegaron hasta allí buscando plata, oro y estaño. El nombre de la colonia hacía referencia a la muralla que la rodeaba, debido a que *gadir* era el nombre que este pueblo de comerciantes daba a un recinto sagrado. Su ubicación era estratégica, ya que desde la bahía las naves fenicias podían remontar las corrientes fluviales y comerciar con Tartessos, el país de la plata.

Gadir fue una colonia tutelada por el dios Melqart, al igual que Tiro, que posteriormente se identificaría con Hércules, de hecho, inicialmente al estrecho de Gibraltar se conoció como Columnas de Melqart. Además, los fenicios establecieron otras colonias en la península ibérica, entre las cuales cabe destacar Malaca (Málaga), Abdera (Adra) y Ebussus (Ibiza).

La ubicación de la colonia en Gadir permitía el control del estrecho de Gibraltar y la ruta atlántica —Mare Tenebrosum—, ya que las naves fenicias navegaban próximas a la costa portuguesa hasta alcanzar las islas británicas. En este sentido, tenemos referencias del periplo que realizó el explorador cartaginés Himilcón (450 a. C.) desde Gadir hasta las costas inglesas.

Recorriendo la costa africana

A pesar de todo, únicamente los marinos más atrevidos, y en contadas ocasiones, se aventuraban a introducirse en la mar Océana que comenzaba al oeste de las Columnas de Hércules. Y es que nadie sabía que horrendos peligros acechaban en ese borde del mundo.

Hasta el siglo XIX, el continente africano fue desconocido en su mayor parte, lo cual no quiere decir que no hubiera exploraciones previas para desentrañar sus misterios. Y es precisamente en este punto, donde vuelven a aparecer los intrépidos fenicios. Se conservan dos códices, uno del siglo IX, el *Codex Palatinus Graecus*, y otro del siglo XIV, dependiente del anterior, el *Codex Vatopedinus*. Este último estuvo durante mucho tiempo custodiado en un monasterio del monte Athos (Macedonia). En 1840, fue dividido en dos partes, una que se encuentra en el British Museum y otra en la Biblioteca Nacional de París. Es precisamente este último fragmento, el parisino, el que contiene el *Periplo de Hannón*, uno de los viajes más espectaculares de la antigüedad.

A pesar de que no sabemos exactamente la fecha en la que se produjo la expedición, Plinio asegura que una flota cartaginesa, al mando de Hannón, colonizó y exploró gran parte de la costa atlántica africana.

El historiador griego Jenofonte escribió hacia el 380 a. C. cómo era un barco cartaginés: «Estuve una vez a bordo de un barco fenicio. ¡Qué cantidad de remos, codastes, garfios, sogas y cuñas para meter y sacar el barco en el puerto! ¡Cuántos aparejos, cables, guindalezas, cuerdas y poleas para hacerlo navegar!». Es muy posible que uno de esos barcos formó parte de la escuadra de Hannón.

Su viaje no fue de placer, abrigaba encontrar nuevos mercados comerciales, un impulso que superaba al miedo que suponía atravesar las Columnas de Hércules. Se piensa que la flota partió de Cartago, al norte de África, en un periodo de tiempo comprendido, muy probablemente tras la primera Guerra Púnica (241 a. C.), lo cual coincidía con un periodo de paz entre Roma y Cartago.

La flota cartaginesa —compuesta por unos sesenta pentecónteras y treinta mil marineros— bordeó el extremo noroccidental del continente africano nada más salir del estrecho y alcanzó lo que hoy es Marruecos. Durante semanas la flota penetraba y salía de las ensenadas y fueron fundando pequeñas colonias en la costa marroquí: Thymiaterion, Soloesis, Karikon, Gytte, Akra y Melitta. En Soloesis erigieron un templo a Poseidón, el dios del mar.

En una de aquellas paradas, posiblemente cerca de Larache, convivieron durante un tiempo con una tribu nómada —los lixitas—, incluso llegaron a contratar a alguno de sus miembros para utilizarlos como intérpretes. En el códice se puede leer: «y continuamos nuestro viaje hacia el sur, a lo largo de la costa del desierto, durante nueve días; entonces viramos y navegamos un día hacia levante. Allí, en los recovecos de un golfo hallamos una isla pequeña». La bautizaron como Cerne y estaba ubicada en el estuario del río de Oro.

Una vez allí: «remontando un gran río llamado Jretes, llegamos a un lago en el que había tres islas más grandes que Cerne. Para terminar la jornada, llegamos desde allí al final del lago, dominado por algunas altas montañas pobladas por salvajes vestidos con pieles de fieras, que nos apedrearon y nos golpearon, impidiéndonos desembarcar».

Desde ese punto, Hannón decidió continuar bordeando la costa hacia el sur con dos barcos, en la desembocadura del Senegal vieron hipopótamos y más allá del cabo Verde quedaron deslumbrados ante la visión de terribles cocodrilos y herbazales incendiados.

Finalmente, en la zona de Sierra Leona vieron el «Carro de los Dioses» lanzando humo y llamas y, más adelante, en la zona del Golfo de Guinea encontraron «gorilas». Hannón nos cuenta: «las perseguimos, pero no pudimos capturar a ningún hombre, pues todos ellos, acostumbrados a trepar por los precipicios, se escaparon, defendiéndose tirándonos piedras. Cazamos tres mujeres, que mordieron y magullaron a los que las cogían, no dispuestas a seguirles. Las matamos al fin y, desollándolas, llevamos sus pieles a Cartago. No navegamos más allá porque se acababan nuestras reservas».

Tras esto el relato señala: «pues ya no seguimos navegando más adelante debido a que nos faltaban provisiones». Con esta frase termina el apasionante viaje del almirante cartaginés en tierras africanas. No deja de ser curioso que del retorno hasta Cartago haya un silencio absoluto, como si la expedición hubiese respondido a un plan previsto.

5. UN GRIEGO DESCUBRE LAS AURORAS BOREALES

En el siglo IV a. C., un marsellés contemporáneo de Alejandro Magno se adentró en aguas del Ártico y regresó para contarlo

Las aguas embravecidas y los peligros de los ataques de piratas tampoco amilanaron a los griegos, un pueblo de marinos y conquistadores, a realizar importantes travesías marítimas. Eso sí, antes de cada viaje se encomendaban a Poseidón, el dios de los mares, implorándole ayuda y benevolencia.

Y es que los griegos, al igual que los fenicios, se lanzaron al mar en busca de tierras que colonizar y con las que comerciar. Fue precisamente este afán mercantil el que contribuyó a extender, a lo largo del Mediterráneo, una próspera red de ciudades, con las que contribuyeron a los cimientos de nuestro mundo moderno. En sus inicios los helenos realizaron una navegación de cabotaje, es decir, sin perder de vista la costa, viajes que realizaban, fundamentalmente, durante los meses primaverales y estivales, los más propicios desde el punto de vista meteorológico.

Una de las colonias griegas que fundaron en el mediterráneo occidental fue Massalia, en el sur de Francia, una de las ciudades más antiguas de Europa y a la que llegaron los griegos hacia el 600 a. C.

Piteas, el Massaliote

Según el Aristóteles, Massalia —que es así como se conocía en aquella época a esta ciudad portuaria— fue fundada por

Protis, el hijo de Euxenous de Phocaea, y su esposa Gyptis, la hija de un rey de una tribu celta llamada Segobriges, que vivía en la zona. Tras el enlace matrimonial, el rey local otorgó a su yerno el derecho de obtener un terreno y construir su propia ciudad. Lo que en un principio era un pequeño asentamiento se convertirió siglos después en una enorme y próspera ciudad.

Los *massaliotes* no tardaron en establecer excelentes relaciones con otras colonias griegas de la zona y orientar su economía hacia el mar Mediterráneo, el cual les ofrecía una oportunidad para expandirse y prosperar.

Uno de los *massaliotes* más famosos fue Piteas, que nació hacia el 350 a. C. Fue un hábil navegante y protagonista de una de las travesías marítimas más espectaculares de la Antigüedad. Desgraciadamente sus escritos originales, en los que se supone que recogía todas sus peripecias, se perdieron y todo lo que sabemos de él, se lo debemos a autores clásicos posteriores, los cuales no solo dudaron de sus andanzas, limitándose a trascribirlas, sino que no dudaron en mofarse de ellas. Y es que ni Estrabón, ni Polibio, ni siquiera Plinio el Viejo, los grandes pronombres de la antigüedad, dieron por buenas sus navegaciones. El geógrafo Estrabón (63 a. C.-24 d. C.), por ejemplo, afirmó en su famosa obra *Geografía* que Piteas era «el mayor mentiroso posible» y que la mayoría de sus escritos eran meras «invenciones».

Para empezar, tenemos que contextualizar el momento histórico del viaje. Se debió de producir en algún momento entre el año 350 a. C y el 300 a. C., en una embarcación de poca eslora, con remos y pertrechada de una única vela, en otras palabras, en una nave preparada únicamente para realizar una navegación de cabotaje. Sin embargo, algunos estudiosos defienden que viajó en un *holkas*, nombre con el que se conocían los barcos griegos de carga, naves bien construidas, de gran calado, diseñadas principalmente para el transporte de mercancía. Generalmente se trataba de embarcaciones de fondo plano, con casco redondo e impulsadas por velas.

Otros han defendido que la primera parte del viaje la debió realizar por tierra, desde Massalia hasta la Bretaña francesa, algo que parece poco probable, dado que tenía que atravesar tierras ignotas y peligrosas, al tiempo que la ciudad griega tenía un fuerte arraigo marinero. En cualquier caso, establecer el itinerario que siguió con precisión es enormemente complicado ya que su cuaderno de bitácora no nos ha llegado de forma directa sino a partir de los ecos de su testimonio.

De Massalia a las islas británicas

Lo más probable es que Piteas partiera de Massalia y llegase hasta Gadir navegando hacia el oeste a través de las Columnas de Hércules. Después dobló el cabo de San Vicente e inició su viaje hacia el norte, manteniendo en todo momento la vista de tierra. En aquella época la única forma que tenían para guiarse eran las estrellas y su conocimiento de la astronomía. Cuando doblaron el extremo noroccidental de la península ibérica debió de determinar su posición mediante un astrolabio, fue entonces cuando comprendió que estaba en la misma latitud que Massalia —a unos 43° N— y que navegaba al este. Ese dato no era baladí, tan solo podía significar que Iberia era realmente una península, de esta forma Piteas fue el primero en demostrarlo.

Durante los siguientes días, a un ritmo de unos ochenta kilómetros por jornada, recorrió el litoral atlántico de la Galia. En Corbilo (Saint Nazaire), en la desembocadura del Loira, debió renovar sus reservas y entrar en contacto con los celtas, un pueblo que hablaba un lenguaje que no le resultaba del todo desconocido ya que desde hacía siglos los griegos comerciaban con ellos.

No muchos días después se encontró con un promontorio espectacular, al que bautizó con el nombre de cabo Kabaion, desde donde decidió abandonar las confortables costas francesas y aventurarse hacia el extremo más occidental del mar. De esta forma, alcanzó Cornualles y conoció sus minas de estaño.

Más adelante Diodoro de Sicilia, usando la narración de Piteas, describirá Inglaterra como una isla densamente poblada y con un clima «extremadamente frío». En relación a sus pobladores señala que era tribales, gobernados por muchos reyes y aristócratas, y que vivían en casas de «juncos y madera». Todo ello siguiendo los escritos del marsellés.

Piteas bautizó a aquellas islas como «Pretanniká Nesiá», que con el paso del tiempo derivó en «Britannia» y que finalmente dio lugar al nombre actual de «Gran Bretaña». Además, las dividió en tres coordenadas: Kantion —extremo sureste—, Belerion —suroeste— y Orkas —el actual archipiélago de las Orcadas, al norte de Escocia—. De ellas le interesó Belerion en especial porque allí había un centro extractor y comercializador de estaño, cuyos pobladores son descritos como los más civilizados, probablemente porque estaban acostumbrados a mantener un trato mercantil con los visitantes extranjeros.

No deja de ser curioso que Piteas no visitara Irlanda, a pesar de que, sin lugar a dudas, tuvo que ver sus colinas color esmeralda. Probablemente desestimó adentrarse en ella porque en aquella época corría el rumor de que los aborígenes irlandeses eran salvajes y comían carne humana.

Rumbo a las auroras boreales

Desde estos enclaves británicos su ruta debió continuar por la costa de Gales, llegarían a la isla de Man, seguirían por la costa oeste de Escocia hacia las Hébridas y seguramente desde allí alcanzó la nórdica Thule. Durante la Antigüedad y la Edad Media se denominaba «última Thule» a cualquier lugar lejano más allá de las fronteras del mundo conocido.

Los estudiosos defienden que Piteas pudo llegar hasta una latitud de 63° N, a tan solo tres grados del Círculo Ártico, lo cual hace sospechar que estuvo en Islandia, aunque otros postulan que bien pudo tratarse de alguna de las islas Feroe e incluso Noruega. El explorador canadiense, Vilhjalmur Stefansson, que exploró el Ártico extensamente, sostuvo en su libro *Última Thule* que la posibilidad de que Piteas alcanzara Islandia es bastante verosímil.

Fue en aquella latitud donde Piteas presenció un fenómeno desconocido por los pobladores mediterráneos: la luz del día casi continua. Y es que el griego hizo alusión a un «fuego siempre brillante», que algunos han querido interpretar como el sol de medianoche y otros como los volcanes que tanto abundan allí. El griego señaló que ese lugar estaba a seis días de navegación de Britania, a una media de ciento treinta o ciento sesenta kilómetros por jornada.

Sobre los habitantes de la isla de Thule, el griego señala que vivían fundamentalmente de la ganadería, la agricultura y la apicultura. Y es que, según el aventurero *massaliote*, en esas latitudes no había vides, el trigo escaseaba y los alimentos más habituales eran el mijo y las raíces. Piteas cuenta, además, que los indígenas le mostraron el lugar donde el sol descansa y pudo ver con sus propios ojos hielos flotantes.

Un año de viaje

Estrabón cita a Piteas y comenta que esta latitud tan septentrional era un lugar «… donde ni la tierra, ni el agua, ni el aire existen separadamente, sino una especie de confluencia de todos ellos, semejando un pulmón de mar en el cual la tierra, el mar y todas las cosas estaban suspendidas, formando, por así decirlo, un enlace que unía al todo». El término «pulmón marino» ha sido enormemente discutido por expertos, ya que era el mismo vocablo que los griegos usaban para referirse a las medusas, por la similitud de los bloques helados flotantes con estas.

Desde allí puso rumbo a las aguas de Escitia, que hoy se cree más bien que era el mar Báltico a la altura de Alemania y Dinamarca porque desembarcó y conoció a los gutones, un pueblo germánico que hoy llamamos godo. Es muy posible que desembarcase en una isla —posiblemente Heligoland— conocida por los cuantiosos suministros de ámbar. De hecho, el viaje a lo largo de esta parte de Europa puede haber estado instigado por el deseo de descubrir la fuente del ámbar, el cual ejercía gran atracción entre los griegos.

El extraordinario viaje se continuó entonces en dirección oriental hasta la desembocadura del Vístula, comerciaron con los *aesti* de la actual Estonia y alcanzaron el río Don, desde donde descendió nuevamente con la finalidad de adentrarse por el mar Báltico hasta el golfo de Danzig y retornar por la costa francesa.

La fantástica odisea se debió prolongar durante un año, en el cual recorrió, a juzgar por los expertos, más de doce mil kilómetros, una aventura comparable al primer viaje colombino.

Piteas, además de navegante, fue un científico que destacó en matemáticas y geografía, lo cual aumenta la credibilidad de su viaje. Asignó a Massalia una latitud de 43° 12', cuando actualmente damos por buena 43° 17'.

El 1 de enero de 2019, la NASA publicó la imagen más clara de los confines del espacio, fue tomada por la sonda New Horizons y se trata de una roca helada que se encuentra a 6 500 millones de distancia de la Tierra —en un área denominada Cinturón de Kuiper— y a la que se ha bautizado como Última Thule. Si Piteas hubiese tenido noticia de esto seguramente no habría podido por menos que sonreír.

6. TRAS LAS HUELLAS DE SAN PABLO

En *Hechos de los Apósteles* se nos relatan los cuatro viajes que realizó el apóstol con una finalidad evangelizadora

Según Hechos (22:21) Pablo fue el misionero designado por Dios para difundir el Evangelio en lo que en aquel momento era considerado el «mundo entero». Durante décadas visitó muchas de las ciudades que vertebraban la civilización romana. El apóstol viajó desde Atenas hasta Corinto, pasando por Antioquía o Éfeso.

Los Hechos nos muestran cómo el Evangelio va llegando a las poblaciones no judías. Al principio es Pedro el encargado de difundirlo, comenzó en Jerusalén, pasó por la región de Judea hasta llegar a la costa, que era una zona con menos arraigo judío, donde bautizó al primer pagano (Cornelio).

La segunda parte del relato corre a cargo de Pablo, que recorrió primero la zona de Asia Menor, para a continuación dirigir sus pasos a Grecia y Roma. De esta forma el relato sigue las etapas que el propio Jesús había planteado: «seréis mis testigos en Jerusalén, Judea y Samaria y hasta los confines de la tierra» (Hechos 1:8).

Pablo o Saulo —su nombre en hebreo— nació en Tarso, la capital de Cilicia, hacia el año 5 d. C. en el seno de una familia de artesanos judíos fariseos que poseían el estatuto jurídico de ciudadanos romanos. En aquellos momentos, Tarso pasaba por uno de sus mejores momentos, se había convertido en un enorme centro comercial y cultural, lo que explicaría que

Pablo aprendiese latín, hebreo, arameo y griego y que recibiese una amplia formación helenística.

Tras terminar sus estudios en la comunidad hebraica, viajó hasta Jerusalén para completarlos en la escuela de los mejores doctores de la Ley, en especial en la del famoso rabino Gamaliel. De esta forma adquirió una sólida formación jurídica, mercantil, lingüística, teológica y filosófica. Mientras tanto Pablo se imbuyó del fanatismo judío que perseguía de encarnizadamente a los cristianos. La primera vez que aparece su nombre en el Nuevo Testamento es para contar cómo se encargó de guardar las ropas de los agresores de Esteban mientras le apedreaban (Hechos 7: ,54-60).

Primer viaje

Su primer viaje comenzó en el año 45 y se prolongó durante cuatro años. Lo hizo en compañía de Bernabé (Hechos 13, 2-52 14, 1-28), un judío chipriota convertido al cristianismo. El primer punto al que viajaron fue a la isla de Chipre, donde predicaron el Evangelio en varias sinagogas, entre ellas las de la ciudad de Salamina. A continuación, zarparon de Pafos —en la costa suroeste de Chipre— y llegaron al puerto de Perga en Anatolia (Turquía). Desde donde encaminaron sus pasos a Antioquía de Pisidia en donde difundieron la palabra entre los judíos locales. A pesar de que inicialmente fueron bien recibidos, pronto parte de la comunidad judía, recelosa de la popularidad que estaban alcanzando, los acabó expulsando.

Fue entonces cuando partieron hasta Konya —una ciudad situada al sur de Ankara (Turquía)— desde donde pasaron a la cercana Listra, donde Pablo curó a un ciego de nacimiento. Tras algún altercado con la población local tuvieron que salir de forma precipitada hacia Derbe, también en Turquía, para alcanzar finalmente Antioquía de Siria y Oroentes, en la antigua Siria.

Segundo Viaje

El segundo viaje se inició en el año 49 y terminó tres años después. Su finalidad era revisar las comunidades cristianas que habían fundado en su viaje anterior. En esta ocasión sus compañeros de viaje fueron Silas —un miembro destacado de la primera comunidad cristiana— y Timoteo —hijo de un compañero muy estimado por Pablo— (Hechos 15, 36-41).

Su primera parada fue Listra, luego a través de Frigia llegaron a Galacia, en las tierras altas del centro de Turquía, y finalmente a Troad, en el noroeste de Anatolia. En esta localidad el apóstol tuvo una visión, en ella un hombre le pedía que difundiera el Evangelio por Macedonia. Siguiendo este encargo, partieron hacia el continente europeo. Llegaron a Filipos pasando previamente por la isla de Samatrocia y Neápolis, conocida actualmente como Kavala. En esta ciudad disfrutaron de la hospitalidad de Lidia, una comerciante de púrpura, pero un grupo de lugareños presionó a las autoridades para que fuesen detenidos.

Un terremoto providencial derrumbó las puertas de la prisión y, de esta forma, Pablo y Silas pudieron escapar. Curiosamente la comunidad de filipenses se convirtió poco tiempo después en un importante centro cristiano. Sería precisamente a ellos a los que Pablo dirigió su famosa *Carta a los filipenses*.

Desde Filipos se dirigieron hasta Tesalónica (Grecia), donde fueron recibidos por Jasón, un judío convertido, y donde realizaron muchas conversiones. Pero, al igual que había sucedido en otras ciudades, un grupo de judíos locales les denunciaron a las autoridades, por lo que se vieron obligados a huir.

Marcharon hacia Berea (Macedonia) y desde allí hasta Atenas. Sabemos que allí Pablo conversó con muchos intelectuales y filósofos y que fue invitado a dar un discurso a los atenienses desde el Aerópago, una colina situada encima de la Acrópolis. Según Lucas aquí fue donde pronunció su famoso discurso sobre un «Dios desconocido». Desde Atenas el apóstol y su compañero se dirigieron a Corinto, donde fueron acogidos por Priscila y Aquila, un matrimonio que había sido exiliado por el emperador Claudio. El grupo, en compañía de Priscila y Aquila, zarpó hacia Siria, llegó a Éfeso, desde allí se dirigieron a Cesárea (Israel) para finalmente regresar a Antioquía (Siria).

Tercer viaje

El tercer viaje del apóstol Pablo tuvo lugar entre los años 52 y 57. En primer lugar se dirigió a Galacia y Frigia, para conocer de primera mano el estado de las comunidades formadas en viajes anteriores (Hechos 18,23). Luego zarpó para Éfeso (Turquía), que en aquellos momentos era la capital de la provincia romana de Asia, y en donde se encontraba el templo de Artemisa, una de las siete maravillas del mundo antiguo. Allí escribió su famosa *Carta a los Gálatas* y la primera *Carta a los Corintios* y realizó varios viajes apostólicos por las regiones cercanas.

Sabemos que Pablo descansó durante algún tiempo en Corinto para regresar nuevamente a Éfeso, pero la hostilidad local, le obligó a marchar precipitadamente hacia Antioquía, desde donde partió rumbo a otras ciudades griegas, entre las cuales se incluyen la isla de Lesbos y Samos para recabar finalmente en Mileto (Turquía).

Cuarto viaje

En el año 58 Pablo decidió marchar a Jerusalén, para ello emprendió un viaje por mar con paradas en un nuevo puerto prácticamente todos los días, entre las que se incluyeron las islas de Kos y Rodas. Cuando llegó a Jerusalén se hospedó con Mnasón de Chipre, una de las personas a las que convirtió en su primer viaje.

A continuación, visitó a Santiago, quien le convenció para que hablara con los judíos más ortodoxos. Sabemos que fue recibido con hostilidad, arrestado, golpeado y torturado. Bajo custodia, fue conducido hasta Roma. Durante el viaje hizo escala en Sidón, donde se le permitió reunirse con la comunidad de cristianos. Al poco tiempo de reanudar el viaje una tormenta les hizo encallar en Malta, donde estuvieron tres meses, antes de partir hacia Siracusa y Pozzuoli, desde donde finalmente viajaron hasta la capital del imperio romano.

En Roma permaneció desde el año 61 hasta el 63 en libertad vigilada. Según nos relata la tradición, después fue liberado y visitó España. Al regresar nuevamente a Roma, sufrió un segundo encarcelamiento y fue decapitado.

Un misionero incansable

La verdad es que cuando se menciona el nombre del apóstol Pablo, lo primero que viene a nuestra mente son sus viajes, esas travesías evangelizadoras que parecen no tener fin, por tierra y por mar. Algunos estudiosos han tratado de poner cifras a esos viajes, se estima que en su primer viaje hizo unos mil kilómetros, en el segundo, más de mil novecientos y en el tercero, un mínimo de mil setecientos kilómetros; respecto al cuarto viaje no hay cifras aproximadas. En lo que sí parecen estar de acuerdo los expertos, es en que la mayoría de las veces las travesías las realizó a pie y que recorría entre treinta y treinta y cinco kilómetros diarios.

Su figura, dentro del cristianismo, junto con la de Jesús, es una de las más fascinantes y más relevantes de los orígenes de la religión. El papa Benedicto XVI dijo de él: «... figura excelsa y casi inimitable, pero en cualquier caso estimulante».[3]

Al mismo tiempo Pablo de Tarso fue una de las figuras más controvertidas de la tradición judeocristiana: para los judíos fue el apóstata que consolidó la herejía iniciada por Jesús y para los cristianos se convirtió en el «apóstol de los gentiles».

---

3 Claudio Basevi, *Introducción a los escritos de San Pablo. Su vida y su teología* (Ediciones Palabra. 2013).

7. LA PRIMAVERA VIAJERA DE LA HISTORIA

Aventurera, intrépida y de una curiosidad insaciable, así era Egeria, Etheria, Eteria, Geria, Aiteria o como quiera que se llamase

A finales del siglo XIX el historiador italiano Gian Franceso Gamurrini encontró un códice escrito en latín en una biblioteca de Arezzo (Italia). Tenía dos partes: la primera compuesta por fragmentos de San Hilario de Poitiers y la segunda por cartas escritas durante un viaje a los lugares santos en el siglo IV. Fue esta segunda parte la que despertó la curiosidad del historiador. Y es que allí se describía con todo tipo de detalles el viaje de Egeria a Tierra Santa.

Monja o señora de alta alcurnia

Durante algún tiempo se pensó que la protagonista de la historia podía ser en realidad Silvia de Aquitania, sin embargo, el monje Valerio, un asceta que vivió en El Bierzo en el siglo VII, escribió una carta titulada *Carta de Valeria a los monjes del Bierzo en loor de Egeria* en la que se puede leer: «Ella, nacida en el extremo litoral del mar océano occidental...». Un dato que ha hecho pensar a los estudiosos que Egeria nació en la provincia romana de Gallaecia, de donde procede el nombre actual de Galicia. Un topónimo que en aquellos momentos también incluía a León y Asturias.

No han sido pocos los que leyendo su libro *Itinerarium ad Loca Sancta* —Peregrinación a Tierra Santa— han interpretado que pertenecía a una comunidad monástica, ya que sus cartas iban dirigidas a unas *dominae et sórores* —señoras y hermanas—. Este dato es difícil de sostener, ya que en aquella época temprana del cristianismo las comunidades de monjas todavía no se habían establecido.

Además, Egeria fue recibida por el obispo de Edesa, en la actual Turquía, el cual le dispensó un trato imponderable: «... como veo hija mía, que impulsada por tu religiosidad te has tomado la molestia de venir hasta estos confines desde las tierras más apartadas si te parece bien te mostraremos todos los lugares que hay aquí y que resultan apetecibles de ver para los cristianos». Qué duda cabe que, de haber sido una simple novicia, como han querido ver algunos, no le habría dispensado este recibimiento.

El siguiente punto sobre el que tampoco hay consenso, es sobre si Egeria pertenecía o no a una familia adinerada, ya que realizó el viaje acompañada de un importante séquito de sirvientes y escoltas. Hay que tener presente que en aquellos momentos el Imperio Romano se desmoronaba, fruto del acoso y derribo al que era sometido por los pueblos bárbaros. Por ese motivo, para poder desplazarse era preciso disponer de un salvoconducto —diploma—, el cual estaba reservado únicamente a los ciudadanos pudientes.

La primera guía de viajes en español

Las cartas manuscritas de Egeria podrían ser consideradas el primer libro de viajes en español de no ficción, en ellas no solo describe entusiasmada lo que va encontrado a su paso sino también las decepciones que sufre. Desgraciadamente, no es posible considerar su libro como el primer libro de viajes de la historia, ya que existen antecedentes en la Grecia Antigua, las conocidas como periégesis, un género literario en el que brilló con luz propia Hecateo de Mileto.

El libro de Egeria está escrito en latín vulgar y está plagado de hispanismos, lo cual hace que tenga un interés añadido para los filólogos. Podemos dividir su *itinerarium* en dos partes claramente diferenciadas, la primera que consiste en una narración pormenorizada de sus aventuras y la segunda en la que realiza una descripción de los lugares en los que estuvo, de las personas a las que conoció y de las liturgias que se oficiaban en los templos que visitó.

Por otra parte, hay que matizar que Egeria no era una turista al uso, su viaje debe ser contemplado desde la perspectiva de una peregrinación, puesto que está guiado fielmente por la Biblia. Sabemos que, en cada lugar que aparece mencionado en las Sagradas Escrituras, se detuvo y leyó el pasaje bíblico correspondiente en compañía de su séquito. Egeria, a la luz de su manuscrito, no demostró poseer una amplia cultura clásica, pero sí conocer de una forma exhaustiva, tanto el Antiguo Testamento, como el Nuevo Testamento.

El viaje a Tierra Santa

Corría el año 381 cuando inició un viaje que se prolongaría durante tres años. A lo largo de los cuales realizó exhaustas jornadas, unas veces a caballo, otras en burro o en camello y muchas a pie. Para ello utilizó las grandes autopistas de la época: las calzadas romanas.

Y es que los romanos, para fortalecer su imperio, habían construido una tupida red de calzadas que cubría gran parte de su territorio, lo que redujo de forma considerable el tiempo de los trayectos. Estas calzadas eran utilizadas por viajeros, comerciantes, legionarios y el *cursus publicus*, el servicio de correos y transporte estatal. Se estima que la red tapizaba unos ochenta mil kilómetros. Además, sabemos que, cada veinte o treinta kilómetros, había casas de hospedaje o tabernas en las que los viajeros podían descansar.

Desgraciadamente, no disponemos del texto completo del viaje de Egeria, es un texto mutilado, del que faltan el principio y el final. Muy probablemente, siguiendo calzadas secundarias, se desplazó desde su lugar de origen hasta la actual Cataluña, para contactar con la Vía Domitia. Esta calzada fue la primera en ser construida en la Galia (siglo II a. C.), concretamente en la provincia de Gallia Narbonensis, paralela a la costa mediterránea.

Siguiendo su trayecto Egeria llegaría hasta la península Itálica, desde donde tomaría un barco que la transportaría hasta Constantinopla. Desde allí partió hasta Cisjordania, donde visitó lugares como Jericó, Belén, Nazaret y Jerusalén. En el año 382 continuó su viaje por Egipto, el monte del Sinaí y Siria. Sabemos que a orillas del Nilo visitó a los monjes ermitaños de la Tebaida, un aislamiento que más tarde inspiraría a Valerio de Bierzo para crear su propia Teba y aislarse en el Valle del Silencio Berciano.

La verdad es que Egeria demuestra a lo largo de su bitácora una curiosidad infinita, quiere ver y conocer todo, hasta el punto de programar excursiones complementarias que se inician en la ruta establecida. En cierta ocasión escribió: «como soy tan curiosa, quiero verlo todo». Gracias a la curiosidad, que a mi juicio es el motor del mundo, nos proporciona una visión muy personal de la época que le tocó vivir.

Del texto se puede deducir, además, que se encontraba en un excelente estado físico. Cuando subió al Monte Sinaí escribió: «proseguí adelante no sin grandes fatigas, pero el cansancio apenas hacía mella en mí y si no acusaba la fatiga, se debía a que al fin veía cumplirse mi deseo según la voluntad divina».

En su viaje de regreso visitó la Mesopotamia «civilizada» y volvió a Constantinopla en donde, con un tono más apagado, escribió su última carta: «tenedme en vuestra memoria, tanto si continúo dentro de mi cuerpo como si por fin lo hubiere abandonado».

La verdad es que no se sabe ni cómo murió, ni si cumplió su deseo de visitar Éfeso o si regresó a la península ibérica. De esta forma se pierde la pista de una mujer curiosa, una pionera de los viajes de aventuras. De lo que sí estamos seguros es que en su periplo, que se prolongó durante tres años, recorrió más de cinco mil kilómetros repartidos en tres continentes.

En el año 2005, el gobierno alemán promovió la iniciativa conocida como «proyecto Egeria», que consiste en visitar una vez al año uno de los «lugares santos» y alguno de los países que nuestra protagonista recorrió en el siglo IV.

8. LOS «HOMBRES DEL NORTE» LLEGAN A AMÉRICA

Los viajes de los vikingos fueron épicos, no solo llegaron a las islas británicas, también a Sevilla, a Sicilia y a América del Norte
Cuando pensamos en los vikingos el primer fotograma que inunda nuestras neuronas es que fueron personas sanguinarias, crueles y aterradoras, que vivieron ancladas en la destrucción, el saqueo y el pillaje. En el imaginario colectivo predomina la idea de que eran una caterva de guerreros mentecatos que no cesaban de emborracharse y saquear todo lo que se encontraban a su paso. Sin embargo, la historia de esta civilización es más rica y compleja.

Sus orígenes hay que buscarlos en los pueblos germanos que vivieron en Escandinavia entre los años 750 y 1100, aproximadamente. La máxima autoridad de estos pueblos era el rey —jarl— que controlaba a los jefes de las tribus y a los condes, si bien es cierto que todos ellos disfrutaban de enormes privilegios, a pesar de estar situados socialmente en un rango inferior. Además eran poseedores de una habilidad extraordinaria para la navegación.

En el año 793 se produjo el primer ataque vikingo en territorio extranjero, el suceso tuvo lugar en el monasterio de Lindisfarne (Inglaterra). Fue un punto de no retorno, ya que desde allí realizaron multitud de incursiones en las islas británicas, se asentaron en las islas Hébridas, Feroe, Shetland, la isla de Man e incluso fundaron Dublín.

Y es que una vez probaron las dulces mieles de los saqueos sus ataques no cesaron: en el 810 atacaron la provincia de Frisia, en el 845 la capital francesa y un año antes ya habían comenzado sus incursiones en la península ibérica. Fueron ellos los que fundaron Normandía como un ducado independiente, de hecho, etimológicamente ese vocablo es una palabra de origen escandinavo que significa «el país de la gente del norte».

El mascarón que dio nombre al barco

Muy probablemente el origen de los viajes vikingos hay que buscarlo en una elevada densidad de población en las regiones costeras de la península escandinava, un hecho que obligó a buscar nuevos campos de cultivo y prados en los que poder pastar.

Consiguieron sus correrías marítimas gracias a sus famosos *drakkar*, unas embarcaciones largas, estrechas, al tiempo que ligeras y de poco calado, que resultaban muy útiles para navegar en la costa y en los ríos. Su tamaño era variado, tenían embarcaciones pequeñas, de unos diez tripulantes, y otras más grandes, capaces de transportar ganado. Hasta la fecha, el barco vikingo más grande encontrado ha sido el descubierto en el puerto de Roskilde, una nave de treinta y cinco metros de eslora.

Inicialmente estos barcos tan solo contaban con la fuerza de los remeros, pero poco a poco fueron introduciendo el uso de una vela de forma rectangular, confeccionada a partir de lana, reforzada con cuero y que colgaba del único mástil de la embarcación. En la popa había, además, un remo que hacía las veces de timón.

Lo más llamativo de estas embarcaciones eran sus proas, que estaban decoradas con una pieza de madera tallada con forma de animales, generalmente dragones o serpientes, cuya función era sembrar el miedo entre sus enemigos, además de alejar, en un sentido mágico, a los monstruos marinos de la mitología nórdica. Fue precisamente el plural del vocablo islandés *dreki* —dragón—, *drekar*, el que acabó derivando en *drakkar*.

Haciendo «turismo» por la península ibérica

Los *northomanni* —que así es como les llamaban los cristianos— extendieron el terror por Europa durante más de trescientos años. En el año 844, estos expertos marineros y guerreros arribaron al norte de la península ibérica, desde allí descendieron por las costas lusitanas hasta alcanzar la desembocadura del río Guadalquivir. Una vez en Shaluqq (Sanlúcar) remontaron el curso del río y llegaron hasta Ishbiliya (Sevilla).

Durante un mes acamparon a su antojo en Sevilla, tiempo durante el cual quemaron gran parte de sus edificios, acabaron con la vida de muchos de sus habitantes e hicieron esclavos a mujeres y niños. Finalmente fueron repelidos por las tropas omeyas y derrotados en la batalla de Tablada, cerca de Aljarafe.

Tras la victoria, el califa ordenó construir unas atarazanas en Sevilla en las que poder construir una flota que defendiese el Guadalquivir ante nuevas incursiones. Según las crónicas, es muy probable que participaran en su construcción algunos vikingos que fueron apresados. Otras fuentes señalan que muchos de aquellos «hombres del norte» acabaron convirtiéndose al islam y asentándose en la Isla Menor como productores de queso.

Algunos han pretendido encontrar un vestigio de esta etapa de la historia en el escudo de Coria del Río, donde, según ellos podría estar representado un barco vikingo. Desgraciadamente esta teoría carece de sustentación, siendo lo más probable que se trate de una nave fenicia que, con el paso del tiempo, dio origen a las galeazas, unos barcos que navegaron por el río Guadalquivir hasta bien entrado el siglo XVII.

No deja de ser curioso que, con motivo de la Expo 92, se programase remontar el río Guadalquivir con dos réplicas de *drakkars* vikingos —Oseberg y el Siga Siglar— emulando aquella «visita cordial» realizada en la época de los omeya. Lamentablemente, un accidente de las embarcaciones en Torrevieja (Alicante) dio al traste con el proyecto.

El segundo gran ataque vikingo a nuestra península se produjo en el 859, en esta ocasión las hordas nórdicas fueron comandadas por Björn Ragnarsson, un gigantón apodado como «costado de Hierro» porque siempre salía ileso de los combates.

Antes de atravesar el estrecho de Gibraltar y adentrarse en el mar Mediterráneo aprovecharon la ocasión para hacer una incursión, con una flota de sesenta y dos barcos, en Marruecos, concretamente en Nekor. Allí los rubios y aguerridos escandinavos vencieron y saquearon la ciudad durante ocho largos días, antes de proseguir su viaje.

Pasadas las Columnas de Hércules, recorrieron el litoral mediterráneo, alcanzaron las islas Baleares, remontaron el río Ebro y llegaron hasta Pamplona. No se conformaron con esto, sino que al retornar a las aguas mediterráneas pusieron rumbo a la península Itálica, y llegaron hasta las proximidades de Florencia. A partir de este punto, realidad y ficción se confunden, incluso hay algunos estudiosos que defienden que los «hombres del norte» llegaron hasta Constantinopla.

En el 861, las naves vikingas iniciaron el viaje de regreso a los cuarteles de invierno en Francia, pero al intentar atravesar las Columnas de Hércules se llevaron una terrible sorpresa, les estaba esperando una flota andalusí. Los musulmanes, con la tecnología más avanzada de la época, infringieron una terrible derrota a los vikingos que tardarían mucho tiempo en olvidar, se estima que, de los sesenta barcos que intentaron atravesar el estrecho, tan solo la tercera parte lo consiguió.

Los vikingos regresaron por tercera vez a nuestra península en el siglo X, momento en el que atacaron el recién creado reino asturleonés. Su última incursión en nuestro territorio peninsular se produjo un siglo después y arrasó algunos puntos de la costa mediterránea —Almería, Denia, Alicante—.

Se adelantaron a Colón

Recientemente, los científicos han podido datar un asentamiento vikingo en la actual Terranova —al este de Canadá— en el año 1021. Esto significa que los vikingos llegaron al Nuevo Mundo cuatro siglos antes que Colón.

A esas conclusiones han llegado un equipo de investigadores de la Universidad de Groninga (Países Bajos) tras analizar con radiocarbono objetos de madera —dendrocronología— descubiertos en la colonia de L`Anse aux Meadows (Terranova).

Este hallazgo podría ser considerado el registro más antiguo de seres humanos que atravesaron el océano Atlántico desde Europa hasta América.

Para llegar a estas conclusiones, los científicos han usado tres trozos de madera procedentes de tres árboles diferentes, cada uno de ellos tenía diferencias evidentes tanto de corte como de rebanado con cuchillas de metal. Todavía no se ha podido determinar ni la duración de la estancia ni el número de expediciones que realizaron los vikingos. En principio, el análisis de los datos sugiere que debió ser una estancia muy corta.

Este hallazgo arqueológico está en línea con *La saga de los groenlandeses* y *La saga de Erik el Rojo*, conocidas como las sagas de Vinlandia. En estas dos obras literarias se cuenta que Erik Thorvaldson el Ro fue desterrado a Islandia en el año 982 tras ser acusado del asesinato de dos hombres.

De esta forma, seguía los pasos de su padre —Throvald Asvaldsson— que dos décadas antes había sido desterrado de Noruega por un asesinato. Parece ser que Erik navegó hacia el oeste y llegó a un territorio al que bautizó como Groenlandia —tierra verde—. Tiempo después su hijo, Leif Erikson, viajó hacia el oeste y descubrió unos territorios a los que bautizó como Vinlandia, la tierra del vino. La saga nos cuenta que eran ricos en pieles y maderas, pero los nativos con los que comerciaron les acabaron repeliendo y que no tuvieron más remedio que regresar a Groenlandia. Muy probablemente, L´Anse aux Meadows sea la Vinlandia de la saga.

También en Sicilia

Hace algún tiempo, descubrieron diez esqueletos en las ruinas de la iglesia de san Michel del Gofo, cerca de Palermo, que correspondían a normados descendientes de los vikingos. Y es que en el siglo XI, un noble normando, Roger de Hauteville, lideró una expedición que expulsó a los musulmanes de Sicilia.

Pronto se fundaría una dinastía normanda que gobernó el reino de Sicilia —primer condado—, el cual incluía, no solo al sur de Italia, sino que también a algunas plazas del norte de África y la isla de Malta. Aquella dinastía dio sus últimos coletazos en torno al año 1194.

Para terminar, una curiosidad. Existe la falsa creencia de que los vikingos usaban cascos con cuernos, esta imagen se originó en 1875 cuando se descubrieron unos restos arqueológicos en los que había cascos y cuernos. Actualmente los expertos defienden que los «hombres del norte» enterraban a sus muertos con cascos y cuernos, para que con ellos pudieran saciar su sed en el más allá. Y es que además de rudos y bizarros, eran previsores.

9. UN VIAJE CON DOCE SIGLOS DE HISTORIA

Los misterios, mitos y leyendas de la historia del Camino de Santiago

Gracias a las Sagradas Escrituras, sabemos que Santiago fue uno de los más firmes seguidores de Jesucristo y quien lo acompañó en algunos de los momentos más importantes de su vida. Era natural de Galilea, hijo de Zebedeo y hermano de Juan Evangelista.

Al igual que el resto de los apóstoles, consagró su vida a predicar y extender el Evangelio por todos los rincones del mundo, en su caso, llegó hasta la península ibérica. Tras un arduo trabajo evangelizador regresó a Palestina hacia el año 44 d. C, donde el rey Herodes Agripa ordenó su muerte. De esta forma, Santiago se convirtió en el primer apóstol que murió en defensa de la fe cristiana.

Fue precisamente entonces, cuando comienza la gran aventura que acabaría cristalizando en lo que ahora conocemos como Camino de Santiago, una de las rutas milenarias más importantes del planeta.

Entrando en la leyenda, se cuenta que sus discípulos Teodoro y Atanasio, desobedeciendo las ordenes reales, recogieron el cuerpo de Santiago y huyeron en una barca de piedra. Viajaron sin timón y sin vela a través del mar Mediterráneo, atravesaron las Columnas de Hércules y el destino quiso que acabaran en la costa norte de Gallaecia, y que remontaran el río Ulla. Es lo que la tradición jacobea conoce como «translatio».

De esta forma los restos del apóstol llegaron a Iria Flavia —actual Padrón—, el destino, allí amarraron la barca a un miliario de piedra —el Pedrón— y se dispusieron a enterrar los restos del apóstol. En aquellos momentos Iria Falvia estaba gobernada por la reina Lupa, la cual les sometió a duras pruebas antes de concederles el permiso para darle sepultura.

La leyenda cuenta que fueron unos bueyes los que decidieron el lugar del enterramiento del discípulo de Jesucristo, lo hicieron en una zona próxima a una fuente en la que pararon a beber y que actualmente se conserva en la Rúa do Franco de Santiago, a apenas unos cien metros de la plaza del Obradoiro.

Un rey fue el primer peregrino

Fueron precisos ocho siglos para que los restos del apóstol fuesen reencontrados. Lo hizo un humilde ermitaño que vivía en el monte Libredón, de nombre Pelayo. Corría el año 823. Al parecer Pelayo observó en el cielo unos destellos luminosos y unas estrellas que señalaban un lugar. Este hecho se repitió durante varias noches hasta el punto de que el ermitaño decidió abandonar su cueva para comunicárselo a Teodomiro, el obispo de Iria Flavia. Tal fue la insistencia, que el prelado decidió comprobarlo personalmente. Juntos se acercaron al lugar y descubrieron un sarcófago con tres cuerpos, acababan de encontrar la tumba del apóstol.

Fue entonces cuando el obispo se desplazó hasta Oviedo, por entonces capital del reino, para hacer partícipe del hallazgo al rey Alfonso II el Casto (759-842). El soberano, consciente de la trascendencia, decidió trasladarse personalmente para verificarlo, convirtiéndose, de esta forma, en el primer peregrino del Camino de Santiago. Fue así como la primera ruta jacobea fue lo que actualmente conocemos como Camino Primitivo, entre Oviedo y Santiago de Compostela.

Alfonso II ordenó construir un templo para albergar los restos del apóstol y para que fueran dignos de ser visitados por otros monarcas cristianos. La noticia del descubrimiento se extendió como la pólvora por todos los reinos cristianos de Europa, lo que inició la peregrinación.

En un primer momento se optó por el Camino del Norte, una ruta más segura ya que evitaba internarse en los territorios dominados por los musulmanes. A medida que la Reconquista fue avanzando, se hizo más popular el conocido como Camino Francés.

El *Codex Calixtinus*

Con el paso del tiempo, el Camino de Santiago se convirtió en una importante ruta de peregrinación, tanto desde el punto de vista político, puesto que generó una enorme afluencia de cristianos, como desde el punto de vista cultural, al propiciar fuertes vínculos entre diferentes reinos.

Se estima que durante los siglos XII y XIII hasta doscientos cincuenta mil peregrinos viajaron anualmente hasta Santiago, movidos por la esperanza de asegurarse la salvación eterna o pagar una penitencia. La figura del papa Calixto II (1060-1124) fue clave en su difusión, ya que declaró Año Santo Jacobeo a todos los años en los que el 25 de julio —día de Santiago— fuese domingo.

Fue precisamente en el siglo XII cuando aparece el llamado *Codex Calixtinus*, una joya manuscrita considerada la primera guía del Camino de Santiago. Está formado por cinco libros y dos apéndices y comienza con un texto en el que el pontífice Calixto II relata, a través de una carta dirigida a la basílica de Cluny, los milagros realizados por el apóstol Santiago. A continuación, hay sermones, himnos, textos litúrgicos, piezas musicales y relatos relacionados con el apóstol.

Los expertos coinciden en que los textos debieron ser redactados en diversas épocas y de forma independiente, pero la autoría del último de los libros —el quinto— y que completa el códice, se atribuye a un monje francés, Aymeric Picaud. Se trata de una extensa y completa guía destinada al peregrino que desee llegar a Santiago de Compostela siguiendo la ruta del Camino Francés. Se piensa que se debió redactar hacia el año 1140.

Allí el monje francés da cuenta de enclaves, costumbres, pueblos, santuarios… que el viajero debe conocer, en algunos casos visitar y, en otros, evitar. En este libro, Picaud se queja, por ejemplo, de los cobradores de portazgos, que según él se aprovechan para timar al peregrino: «Salen al camino a los peregrinos con dos o tres dardos para cobrar por la fuerza los injustos tributos y si alguno de los transeúntes no quiere dar las monedas a petición de ellos, los hieren con los dardos y con esto les quitan el censo, afrentándolos, y hasta las calzas los registran».

Critica tanto a navarros como a vascos: «... torpemente visten y torpemente comen y beben (...) si los vieres comer, los considerarías perros o cerdos. Si los oyeres hablar, te acordarías de los perros que ladran, pues tienen una lengua de todo punto bárbara». No contento con eso más adelante añade: «... navarro o vasco matan, si pueden, por una moneda a un galo».

Los castellanos, a los que Picaud denomina españoles, tampoco salen mejor parados: «... pasado Montes de Oca, a saber, hacia Burgos, siguen las tierras de los españoles, esto es, Castilla y Campos; esta tierra está llena de riquezas, con oro y plata, feliz, con tejidos y yeguas fortísimas, fértil en pan, vino, carne, pescados, leche y miel; sin embargo, está desolada de árboles y llena de hombres malos y viciosos».

El monje francés únicamente salva de sus críticas a los gallegos: «... las gentes gallegas concuerdan mejor que las demás gentes españolas con las nuestras francesas, por las costumbres cultas; pero se las tiene por iracundas y litigiosas en gran manera».[4]

4 Millán Bravo Lozano, *Guía del Peregrino medieval. Codex Calixtinus* (Centro de Estudios Camino Santiago. 1991).

10. VENECIANOS EN LA CORTE DE KUBLAI KAN

«¡Solo he contado la mitad de lo que vi!»: así de categórico se expresó Marco Polo en su lecho de muerte. El explorador veneciano se pasó más de dos décadas viajando por Asia y cuando regresó a Europa lo hizo cargado de riquezas.
Marco Polo nació en Venecia en 1254, en el seno de una familia de mercaderes de la serenísima y próspera república veneciana. En el siglo XIII este enclave italiano era una gran urbe, tenía unos cien mil habitantes, una cantidad muy importante para la época, al tiempo que era una potencia marítima de primer orden, que le permitía disfrutar de una economía próspera basada en la artesanía, las finanzas y el comercio.

En esa época, la ciudad vivía un momento de esplendor gracias a las relaciones con Oriente, ya que era el punto de partida para la peregrinación a Tierra Santa y el puerto de llegada de los artículos de la ruta de la seda.

Marco Polo fue educado por su abuelo, Andrea Polo, ya que su padre Niccolo y su tío Maffeo se encontraban de viaje en China, en la corte de Kublai Kan (1215-1294), el fundador de la dinastía Yuan mongol.

De vuelta a Venecia, los hermanos Polo tenían una misión que cumplir: entregar una epístola al Papa de parte del kan y reunir a un centenar de eruditos cristianos para enseñarle todo sobre el cristianismo en un segundo viaje. Desgraciadamente cuando llegaron a Roma el sillón de San Pedro estaba vacante, ya que desde la muerte de Clemente IV (1268) la elección papal se había dilatado. Tuvieron que esperar hasta la elección de Gregorio X (1210-1276) para poder entregar el mensaje.

Comienza la aventura

Marco Polo tenía diecisiete años cuando emprendió un viaje inolvidable hacia el este, lo hizo en compañía de su padre y de su tío. Ninguno de los tres podía imaginar las derivadas, desde el punto de vista histórico, que tendría aquella odisea.

Lo hicieron con la bendición de Gregorio X, el cual encargó a dos frailes dominicos, en lugar de los cien solicitados, que los acompañaran hasta China, sin embargo, regresaron al poco de partir, debido a la dureza de la expedición.

El viaje se inició en barco, los mercaderes venecianos navegaron paralelos a la costa italiana en dirección sur. El Mediterráneo los transportó, sin grandes interrupciones, primero hasta Grecia, luego hasta Turquía e hicieron una tercera escala en Acre (Siria), donde compraron algunas provisiones, como dátiles y garbanzos.

La familia Polo atravesó Israel, Armenia, con la asombrosa silueta del monte Ararat de fondo, llegaron a la actual Georgia, y desde allí al golfo Pérsico. Observaron con verdadera fascinación las fuentes negras y los pozos de alquitrán, algunos de ellos en llamas, que hacían las veces de faros imperturbables en las largas noches del desierto.

Fue entonces cuando los venecianos remontaron su viaje hacia el norte, cruzaron Persia antes de adentrarse en las montañas de Asia Central, siguiendo la ruta de la seda. Afrontaron las emboscadas de los tártaros y, en la región de Pamir, escalaron una de las montañas más altas del mundo. El ascenso y descenso se prolongó durante más de cinco días.

Los paisajes áridos y desérticos se desvanecieron para dar paso a la nieve y a otro desierto, el de Goby, que tardaron un año en cruzar de este a oeste. Pero ni las tormentas de arena, ni la niebla, ni las duras condiciones atmosféricas consiguieron detener a los exploradores venecianos en su firme propósito de llegar a China.

En la corte de Kublai Kan

Los mercaderes viajaron hasta Xanadú, donde el emperador tenía fijada su residencia de verano y que se corresponde con la actual región china de Mongolia inferior. Al parecer, en cuanto el emperador Kublai Kan —nieto del legendario Gengis Kan— vio a Marco Polo, lo tomó bajo su protección personal y le encomendó todo tipo de misiones, hasta el punto que le nombró gobernador de la ciudad de Yangzhou, cargo que desempeñó por espacio de tres años. Un tiempo que su padre y su tío aprovecharon para realizar prósperos negocios.

La curiosidad natural, sumada a una extraordinaria memoria, permitió a Marco familiarizarse con el estilo de vida de la gente del misterioso país y, posteriormente, engarzar una historia única y descriptiva sobre sus hallazgos e impresiones.

Después de diecisiete años al servicio del emperador, los Polo habían acumulado un gran tesoro, además el kan ya no era un adolescente, en el supuesto de que falleciese era posible que perdieran la inmunidad diplomática y comenzasen los problemas. En otras palabras, había llegado el momento de regresar a Venecia. El emperador no se opuso, eso sí, les encomendó una última misión: escoltar hasta Persia a una princesa mongola que tenía que casarse con un kan persa.

Aunque no disponemos de escritos del propio Marco Polo, se piensa que el viaje duró más de dos años y debido a las tormentas, a los problemas propios de la travesía, a los ataques de piratas y a las enfermedades, murieron más de seiscientos miembros de la expedición. Y es que, tras atravesar el mar del Sur de China, Sumatra, el océano Índico, el estrecho de Ormuz y el golfo Pérsico solo lograron llegar a Persia dieciocho personas, incluyendo la princesa mongola y los tres comerciantes venecianos.

Después de cruzar Armenia, los Polo partieron desde el puerto turco de Trebizonda, a orillas del mar Negro, hasta Constantinopla, donde los turcos se apropiaron de tres cuartas partes de los tesoros que traían. Finalmente, consiguieron llegar a Venecia. Era el año 1295.

Una increíble crónica de viajes

En 1298, durante el transcurso de una batalla naval —la de Curzola— entre las flotas genovesas y venecianas, Marco Polo, que actuaba de capitán de una galera de la Serenísima República, fue apresado. Pero no perdió el tiempo entre los barrotes, aprovechó los tres años de cautiverio para dictar el relato de su viaje a un compañero, escritor de profesión, el pisano Rustichello.

Aquel material acabó tomando la forma de un libro bajo el título *El millón* o *Libro de las maravillas del mundo*. Al parecer el origen del nombre se debe a que cuando regresó de sus viajes y habló del lujo de la corte del Gran Kan, el veneciano mencionaba frecuentemente que los ingresos diarios del kan se estimaban entre diez y quince millones en oro. El libro se convirtió rápidamente en un éxito de ventas, a pesar de que la imprenta todavía no se había inventado. La primera traducción al español se remonta a 1503 y fue realizada en Sevilla.

Allí se descrriben países, ciudades y regiones de Asia de la corte del Gran Kan de los mongoles. La diversidad de temas es verdaderamente asombrosa, desde la naturaleza hasta el clima, pasando por el protocolo de estado, el comercio, la arquitectura, las religiones, las tradiciones y las costumbres. Marco Polo da cuenta de los magníficos palacios de los gobernantes, la disposición de los cortesanos, los bazares orientales, la cocina nacional… Describe el maravilloso palacio móvil de Kublai, elaborado de bambú y bellamente decorado, su jardín lleno de fuentes, árboles y animales exóticos. Todos estos detalles propiciaron que a partir de ese momento Xanadú se convirtiese en sinónimo de opulencia y esplendor.

Durante los diecisiete años que Marco Polo estuvo al servicio de Kublai Kan también aprovechó para viajar por las provincias interiores de China y visitar las actuales Tailandia, Java, Vietnam, Sri Lanka, Tíbet, India y Birmania.

El invento que más le sorprendió

En uno de los pasajes del libro se puede leer: «… cómo el Gran Kan hace que la corteza de los árboles, convertida en algo similar al papel, pase como dinero en todo su país»[5]. Y es que fue precisamente ese, el papel moneda, el invento que más le sorprendió. Además de esta singularidad, relató a su contemporáneo el color amarillo del célebre río Huang He, la existencia de un sistema de correos funcional, una fábrica de papel o la fuerza militar que tenía el país asiático.

En el libro hay también varias referencias a las especias, no solo sus descripciones sino también cómo las utilizaban. En aquellos momentos las especias eran básicas para la nutrición, ya no solo como condimento, sino también como conservante, al tiempo que eran utilizadas en la medicina natural y para fabricar productos de perfumería. En el libro del veneciano hay referencias al clavo, el alcanfor, el bergí, el sándalo bermejo, las nueces de la India o el benjuí amarillento.

Una vez liberado de la cárcel genovesa, Marco Polo regresó a Venecia, donde fue nombrado miembro del Gran Consejo y escribió una nueva relación de sus viajes. A los cuarenta y cinco años, Marco Polo —en chino «Mǎkě Bōluó»— se casó con Donata Badoer, con quien tuvo tres hijas. Murió en su casa de Venecia el 8 de enero de 1324 a la edad de setenta años.

Algunos historiadores defienden la tesis de que todo fue una invención y que Marco Polo nunca llegó a China y que quizás escribió como propias las narraciones que conoció de boca de otros viajeros.

A ellos les resulta ciertamente inverosímil que no haya mención alguna sobre la Gran Muralla, que en su larga estancia en China no aprendiera ni una sola palabra en chino o que no se refiera a la costumbre de vendar los pies a las mujeres, ni a la caligrafía china, ni al té, ni a los palillos. Por otra parte, su tío y su padre tampoco aparecen en los *Anales del Imperio*, en el cual se recogía las visitas de los extranjeros que llegaban hasta esos confines.

---

5 Marco Polo, *Libro de las Maravillas* (Ediciones Cátedra. 2008).

11. EL PRIMER EMBAJADOR CASTELLANO EN ASIA

A comienzos del siglo xv tuvo lugar la curiosa embajada de un madrileño en Samarcanda, la capital del imperio de Tamerlán

El pueblo sogdiano, de habla irania, vivió en las ciudades de Samarcanda y Bujará, que ocuparon parte de las actuales Tayikistán y Uzbekistán. Se cuenta que cuando Alejandro Magno visitó por vez primera Samarcanda se quedó sobrecogido: «todo cuanto he oído es cierto, salvo que es más hermosa de lo que podía imaginar».[6]

En el siglo xiv el guerrero turco-mongol, Timur (1336-1405), más conocido como Tamerlán y sucesor de Gengis Kan, transformó Samarcanda en la metrópoli de su vasto imperio y la proclamó el centro del mundo. El asunto no era baladí ya que se estima que en aquellos momentos su imperio rondaba los ocho millones de kilómetros cuadrados, abarcando lo que actualmente es Turquía, Siria, Irak, Kuwait, Irán, Kazajistán, Afganistán, Rusia, Turkmenistán, Uzbekistán, Kirguistán, India y Pakistán.

El nombre de este guerrero implacable —Tamerlán— procede de la unión de Timur Beg o Bey —señor de hierro— y Leng el cojo —en alusión a una minusvalía que sufría. Además, estaba contrahecho, poseía una malformación en el hombro

---

6 Adolfo Domínguez Monedero, *Alejandro Magno, rey de Macedonia y de Asia* (Editorial Sílex. 2013).

derecho que se agravó cuando recibió un flechazo que le dejó ese miembro prácticamente inutilizado.

Tres esclavas de Bayaceto I en el alcázar segoviano

En el año 1396 un combinado europeo (húngaros, franceses, venecianos, genoveses, búlgaros, aragoneses, portugueses, navarros, bohemios, polacos y miembros de la orden de Malta) sufrieron una terrible derrota a manos de Bayaceto I, el sultán de los otomanos. El desastre tuvo lugar en Nicópolis, en la actual Bulgaria.

Para congraciarse y evitar desmanes mayores el rey castellano Enrique III de Trastamara (1379-1406) el doliente envió una delegación, capitaneada por Payo Gómez de Sotomayor y Hernán Sánchez de Palazuelos, a la corte de Bayaceto I. La suerte quiso que cuando llegaron Bayaceto I acababa de ser derrotado por Tamerlán en la batalla de Angara —actual Ankara—.

Aquella fue una de las mayores batallas de la Edad Media, en la que, probablemente, participaron unos quinientos mil hombres y que acabó, con la victoria mongola y la aniquilación del ejército turco. Supuso un cambio geopolítico importante, el cerco otomano a Constantinopla se disipó y su hegemonía se debilitó. Corría el año 1402.

Cuando los caballeros castellanos se disponían a partir con las buenas nuevas a Castilla, Tamerlán decidió enviar con ellos a uno de sus consejeros —Mohamad Alcagi— al tiempo que les «cedió» tres esclavas que previamente habían sido apresadas en la batalla de Nicópolis y que formaban parte del harén de Bayaceto I.

En 1403 los embajadores llegaron a Segovia, allí una de las esclavas, Angelina de Grecia, se casó con el corregidor de la ciudad y las otras dos, Catalina y María, hicieron lo propio con los diplomáticos castellanos, Gómez Sotomayor y Sánchez de Palazuelos, respectivamente.

Un madrileño en la corte de Tamerlán

Fue entonces, y para corresponder a las gentilezas de Tamerlán, cuando a Enrique III se le ocurrió la idea de enviar una delegación diplomática hasta Samarcanda. Los siete mil kilómetros que separan esta ciudad de Madrid, unas ochenta y cuatro horas en carretera y más de doce en avión, no le debieron parecer excesivos en aquellos momentos.

La misión fue encomendada a un madrileño, probablemente el primer madrileño célebre de la historia. Hay que tener presente que en aquella época —comienzos del siglo XV— la villa de Madrid tenía menos de cinco mil habitantes y, por su situación estratégica, era frecuentada por los reyes castellanos como punto de partida para sus reales cacerías. El elegido para la ocasión fue uno de los camareros del rey, Ruy González de Clavijo (m. 1412).

El 21 de mayo de 1403, se embarcó en El Puerto de Santa María en compañía de una docena de hombres. Arribaron en las ciudades de Gaeta (Italia), Rodas (Grecia), Constantinopla (Turquía), Trebizonda (Turquía), Jvoy (Irán), Tabriz (Irán), Sultanlyha (Irán), Teherán (Irán), Jajarm (Irán) y Balkh (Afganistán), entre otras.

El diplomático castellano llegó a Samarcanda (Uzbekistán) el 8 de septiembre de 1404 y permaneció allí —en la corte de Timur— por espacio de dos meses, tiempo durante el cual fue agasajado con todos los honores y en el cual decidió bautizar a una ciudad próxima a la corte con el nombre de Madrid.

Ruy González de Clavijo quedó embriagado con lo que allí vio y no pudo por menos que exclamar «es tal la riqueza y abundancia de esta capital que contemplarlas es una maravilla».[7] Fue allí donde el castellano pudo contemplar por vez primera una batalla de elefantes —a los que él denomina marfiles— traídos de la India.

El viaje de Ruy González quedó recogido en la *Embajada a Tamerlán*, donde el madrileño destaca por su profusión de datos y sus descripciones detalladas de algunas ciudades, en particular la de Constantinopla, todavía cristiana. Un libro que, por cierto, nada tiene que envidiar al *Libro de las Maravillas* de Marco Polo.

7 Ruy González de Clavijo. *Embajada a Tamerlan* (Editorial Miraguano. 2016).

A pesar de todo, la embajada no fue fructífera en cuanto a acuerdos militares ni comerciales se refiere. En aquellos momentos Tamerlán ansiaba con conquistar China, por lo que la delegación castellana le debió parecer una fruslería. Hasta allí precisamente, hasta la lejana China, se encaminó a la vanguardia de su ejército cuando Ruy González de Clavijo inició el tornaviaje.

Del viaje de regreso del castellano no disponemos de datos tan prolijos como en la ida, pero lo que sí consta es que se detuvo en Savona donde departió con el Papa «algunos asuntos». Con la discreción habitual, Ruy no menciona cuáles fueron las cuestiones que allí se trataron.

Finalmente, la comitiva llegó el 24 de marzo de 1406 a Alcalá de Henares. Cuando acabó su crónica, el embajador plenipotenciario escribió: «Laus Deo» —Alabado sea Dios—. La verdad es que no era para menos.

12. EL EUNUCO QUE LLEGÓ A LA COSTA ORIENTAL DE ÁFRICA

Zheng He, al que bien podríamos llamar el «Simbad chino», fue un almirante que realizó grandes viajes a la costa oriental africana
Durante mil y una noches, Sherezade, la hija del visir, consiguió seducir al sultán Shahriar con sus cuentos, con ellos buscaba burlar el terrible destino al que parecía estar inevitablemente condenada. Aquellas sempiternas narraciones eran su única garantía, su pasaporte para vivir un día más. En sus fábulas aparecían personajes tan fascinantes como Simbad, un marino que realizó siete grandes viajes en los que superaba toda suerte de peligros.

Es muy posible que aquel cuento estuviese basado en un personaje de carne y hueso, el mítico Zheng He (1371-1435), un almirante chico que realizó grandes expediciones marítimas antes de que Cristóbal Colón, Vasco da Gama y Américo Vespucio hicieran lo propio.

De eunuco a jefe de flota
Los siglos XV y XVI son los conocidos popularmente como «los siglos de los descubrimientos» y es que, desde la óptica europea, fue un período en el que castellanos y portugueses, primero, e ingleses, franceses y holandeses, después, se lanzaron a la conquista del globo terráqueo. Sin embargo, en el imaginario colectivo no consta o es mucho menos conocida, la figura de este almirante que estableció una labor comercial

en el océano índico y en el este africano previa a la llegada de los barcos portugueses.

Ma He, que así es como se llamaba Zheng He, nació en 1371 en la provincia montañosa de Yunnan y pertenecía a la etnia de cultura musulmana hui. Antes de cumplir los once años fue capturado por las tropas del rey Ming, tras tomar el último baluarte mongol en territorio chino. Ma He, al igual que otros jóvenes, fue castrado y enviado al servicio del príncipe Zhu Di, que más tarde pasaría a llamarse Yongle y fundaría la Ciudad Prohibida.

Pasados unos años, el eunuco había destacado como un valiente guerrero y demostrado ser un hábil diplomático, por lo que se había ganado la confianza del nuevo emperador, Yongle, quien le dio un nuevo nombre, Zheng —el de su caballo de guerra favorito—, al tiempo que le designaba como gran director de los servicios de palacio.

Ya instalado en el poder, en 1403, el nuevo emperador ordenó construir una enorme flota con la que poder establecer relaciones comerciales y poner fin a los problemas de abastecimiento al que les tenía sometido un bloqueo terrestre desde tiempo de Tamerlán.

La escuadra fue bautizada con el pomposo nombre de «Flota del Tesoro» y estaba compuesta por trescientas embarcaciones de siete tipos diferentes, todas ellas de entre cicuenta y ciento treinta y cinco metros de eslora. Estas dimensiones convirtieron a la armada de Yongle en una de las más grandes de la antigüedad.

Desgraciadamente, no nos han llegado restos de ninguno de aquellos barcos, tan solo disponemos de descripciones de los constructores y testimonios de algunos viajeros (Ibn Battuta o Marco Polo). Gracias a ellos sabemos que los barcos tenían cuatro cubiertas, nueve mástiles, doce velas cuadradas y que eran capaces de dar cabida hasta quinientas personas. Los juncos eran mucho más grandes y resistentes que los barcos europeos y contaban con avances técnicos desconocidos en Occidente, como eran el timón fenestrado y los mamparos —planchas en posición vertical—, con los que se impedían los hundimientos. En contrapartida a esa solidez, las embarcaciones eran lentas y poco maniobrables.

En la tripulación formaban parte soldados, exploradores, marineros y médicos. También sabemos que, a pesar de que no se trataba de buques de guerra, estaban armados con veinticuatro cañones de bronce, que tenían un alcance de hasta doscientos cincuenta metros.

Los primeros viajes

A mediados de julio del año 1405, tras realizar una ofrenda a la diosa Matsu, protectora de los marineros, la flota partió desde Nankín, por entonces la capital, hacia la India con el almirante Zheng He al mando. Después de atracar en Vijaya —capital de Champa—, próxima a Qui Nohn (Vietnam), se dirigieron a la Tailandia, a la isla de Java, a Ceilán y, finalmente, a Calicut (Calcuta), en la costa oeste hindú. En aquellos momentos esta ciudad era uno de los puntos comerciales más importantes del mundo, donde debieron intercambiar todo tipo de regalos con los locales.

De regreso a China, Zheng He tuvo que hacer frente al pirata Chen Zuyi, dueño del estrecho de Malaca, con lo que consiguió, no solo preservar el cargamento, sino también derrotarlo contundentemente, acabó con la vida de más de cinco mil piratas y hundió diez de sus barcos. El emperador Yongle les recibió con todo tipo de parabienes a su llegada en el año 1407.

El indudable éxito del viaje no hizo sino acrecentar el interés del emperador por ampliar las rutas comerciales y, a finales de ese mismo año o principios del siguiente, ordenó que zarpara la flota en un segundo viaje. En este caso la dotación de barcos era mucho más modesta, apenas unas setenta embarcaciones, con ella pretendía devolver a sus hogares a los diplomáticos que habían viajado con Zheng He. Cuando regresaron en 1409 llevaban nuevamente las bodegas de los barcos llenas de productos.

En breve emprendieron un tercer viaje —con cincuenta barcos—, en el que llegaron hasta el Golfo Pérsico, desde donde retornarían en 1411. Tras rodear Sumatra llegaron a Sri

Lanka, isla que la que hicieron donativos a las tres religiones de la isla —budismo, islam e hinduismo—. Uno de los regalos que hicieron a los budistas de esta isla fue una lápida de Buda, que sigue existiendo a día de hoy.

A pesar de todo, no fueron bien recibidos por los cingaleses, ya que temían que el almirante les robase su gran tesoro: el diente de Buda. Se trata de una reliquia que llevaban protegiendo desde hacía siglos. Este fue el motivo por el que se negaron a rendir pleitesía a la embajada china, pero les sirvió de poco, ya que Zheng He, al frente de dos mil soldados, acabó con el rey.

Una jirafa en China

Con estos tres primeros viajes el Imperio chino consiguió mejorar y ampliar sus relaciones comerciales en el sudeste asiático. A partir del cuarto viaje «del tesoro» las intenciones cambiaron, ya que se propusieron explorar Arabia y África. En 1413, tras dos años en tierra, Zheng He partía nuevamente con sesenta y tres barcos, con los que alcanzó el golfo del Edén y el Mar Rojo, fue, sin duda, la expedición más ambiciosa de las que había realizado hasta esa fecha. Los navegantes chinos hicieron escala en Ormuz, Aden, Muscat, Mogadishu y Malandi.

Es fácil imaginar la cara de sorpresa de sus conciudadanos cuando al regresar a China desembarcaron con una amplia colección de fauna africana, entre ellas cebras y jirafas, las primeras que se veían en China. Estos mamíferos fueron interpretados como un *qilin*, una especie de unicornio de la mitologia china al que se atribuía todo tipo de parabienes. Disponemos actualmente de un dibujo realizado en tinta y color sobre seda montada como rollo colgante, atribuido al pintor chino Shen Du (1357-1434), donde aparece representada una jirafa frente a un súbdito chino.

Durante el quinto viaje (1417-1419), hicieron un primer alto en Quanzhou para cargar porcelanas y otras mercancías, ya que se pretendían abrir nuevos mercados. Prueba de ello es que se han encontrado algunas de esas piezas en el litoral de Oriente Medio y el continente africano (Ormuz, Yemen, Mozambique, Somalia, Kenia).

El sexto viaje (1421-1422), al igual que sucedió con el segundo, fue utilizado, en parte, para devolver a sus lugares de origen a los embajadores extranjeros que habían viajado con Zheng He hasta China.

Desgraciadamente para Zheng He, el emperador Yongle, su poderoso benefactor, murió durante una campaña militar contra los mongoles y su sucesor, el emperador Hongxi, dio por finalizados aquellos viajes por el Índico, debido a su elevado coste financiero. Sin embargo, poco tiempo después, la suerte le volvió a sonreír. Tan solo nueve meses después del fallecimiento del emperador Yongle, el nuevo alcanzó el estatus de antepasado y lo sucedió su hijo Xuande, quien patrocinó su último gran viaje.

El último viaje
Salieron a finales de 1429, por aquel entonces el almirante eunuco tenía cincuenta y nueve años y disfrutaba de un estado deficiente de salud. Este séptimo viaje, con la Flota del Tesoro al completo —tres centenares de buques—, se prolongó durante tres años, visitaron al menos diecisiete puertos y en el viaje de regreso, probablemente en aguas de la actual Indonesia, el almirante falleció y fue lanzado al mar. Sus hombres guardaron una trenza de su cabello y un par de zapatos para que fueran enterrados en Nanjing.

En los siete viajes, a diferencia de lo que sucedió con los europeos apenas unas décadas después, no había un espíritu expansionista, tan solo se pretendía comerciar y explorar, al tiempo que pretendían realizar una campaña de publicidad y demostrar a los países vecinos la capacidad militar china.

De esta forma, el país se convirtió en una potencia naval y atrajo a un buen número de tributarios y comerciantes, al tiempo que enriquecían las arcas del país. Gracias a estos viajes se produjo una enorme labor cartográfica y se favoreció el intercambio cultural y tecnológico de la región. La última derivada de aquel pujante comercio fue la financiación de las faraónicas obras de la Ciudad Prohibida de Pekín. Además, los extraordinarios apuntes sobre hierbas y especias sirvieron un siglo después a Li Shizhen (1518-1593), el gran herborista chino, a escribir su afamada *Enciclopedia de farmacopea*, en la que se recogen más de mil ilustraciones y once mil prescripciones.

No sabemos la razón exacta, pero la Flota del Tesoro no volvió a navegar tras la muerte de Zheng He, algunos estudiosos defienden la posibilidad de que se culpara a los eunucos de la derrota ante los mongoles y de la captura del emperador Jungtong (1499). Quizás por eso, y para evitar nuevas aventuras, toda la flota fue destruida de forma intencionada.

Cuando los portugueses llegaron a las costas orientales de África, los nativos les comunicaron que también recibían visitas de otros hombres blancos, probablemente se referían a los marineros de la Flota del Tesoro.

El historiador británico, Rowan Gavin Menzies, fue más lejos en su controvertido libro *1421* al asegurar que Zheng He consiguió alcanzar Australia, la Antártida e incluso América, antes de que lo hiciera el navegante genovés. Sin embargo, hasta la fecha no parece que este tipo de hipótesis se pueda defender con solidez en un congreso académico.

13. LA PEREGRINACIÓN DE UN ABULENSE MEDIEVAL A LA MECA

Un correligionario musulmán, que vivió a finales del siglo xv, nos legó el relato inacabado de su asombroso viaje

En el año 1988 se encontró oculto en el interior de una pared medianil de una casa de Calanda (Aragón) un saco con nueve manuscritos islámicos que durante seis siglos permanecieron allí ocultos. En este momento esos legajos se encuentran depositados a buen recaudo en la Biblioteca de las Cortes de Aragón. En ellos se relata la peregrinación de un musulmán —Omar Patún— a La Meca. Un viaje que realizó cuando el siglo xv entraba en su recta final. Su singularidad radica en que es el único relato de peregrinación musulmana-castellana del siglo xv que se conserva, un texto escrito en castellano aljamiado-árabe.

De Ávila a Estambul

En otoño de 1491, Omar y su amigo Muhammad del Corral partieron de Ávila para cumplir con uno de los cinco preceptos u obligaciones de los musulmanes: peregrinar a La Meca. A su vuelta, y probablemente a su paso por tierras aragonesas, narraron sus aventuras a sus correligionarios, y alguno de ellos decidió ponerlas por escrito. De esta forma disponemos de uno de los viajes más curiosos del siglo xv.

En los manuscritos se nos cuenta con detalles todas las etapas del viaje, la duración de las mismas, los costes, las inclemencias del viaje, las ciudades que visitaron, así como los ritos de peregrinación en los que tomaron parte una vez llegaron a su destino.

Desde Ávila pusieron rumbo a Aragón y en alguna población a orillas del Ebro, no sabemos cuál, probablemente Zaragoza, embarcaron hasta Tortosa. Hay que tener en cuenta que en aquellos momentos la mayoría de las embarcaciones que hacían la ruta por el río Ebro estaban capitaneadas y tripuladas por musulmanes.

Una vez en Tortosa se dirigieron, o bien hasta el puerto de los Alfaques, o bien al puerto de la Ampolla, dos puertos marítimos próximos en los que hacían escala grandes embarcaciones que realizaban diferentes rutas por el mar Mediterráneo. Muy posiblemente embarcaron en una nave genovesa o veneciana de las que hacían la ruta de Berbería. De esta forma llegaron a Valencia desde donde partieron rumbo a Túnez. Omar solo menciona el día y el mes en el que llegaron a tierras africanas, pero no dice nada del año: «el jueves veinticinco de diciembre».

En Túnez pasaron más tiempo del previsto, transcurrió un año antes de que pudieran embarcarse de nuevo rumbo a La Meca, aunque no sabemos los motivos. Lo harían en una carraca genovesa que partía rumbo a Beirut. En lugar de navegar directamente rumbo a Oriente, los abulenses estuvieron varios días esperando vientos favorables cerca de la costa siciliana: «… estuvimos cerca del puerto de Palermo ocho días que no pudimos tomar viento…».

Una vez reiniciado el rumbo se dirigieron a Modon (Grecia), durante el trayecto hubo una epidemia a bordo y enfermaron gran parte de los pasajeros y la tripulación, entre ellos se Muhammad Corral. Según Omar: «… estuvo un mes que no se levantó y muchos días sin habla, que bien pensé que de aquella vez quedara en la mar, que todos los más de los días echaban tres o cuatro hombres muertos en el mar». Datos que ponen de relieve la gravedad de la enfermedad, probablemente la peste negra.

Tras permanecer ocho días en Modon pusieron rumbo al mar Egeo, hacia la ciudad de Ansio y, más adelante, por la costa de Turquía hasta desembarcar en Chesme. En esta pequeña localidad, de apenas quince casas, vivieron momentos dramáticos, ya que los lugareños evitaron por todos los medios tener contacto con los viajeros por miedo a que les transmitieran la peste.

Muchos de los pasajeros fallecieron en aquella localidad turca: «de todos los desembarcados se nos dice que murieron en ese puerto más de cincuenta personas». Entre los fallecidos Omar destaca a un musulmán de Guadix, que había sido muftí de Granada y alcalde de Guadix. Este dato es importante ya que pone de relieve como los musulmanes castellanos y los del reino de Granada realizaban juntos el viaje de peregrinación a La Meca a finales del siglo XV.

Durante un mes permanecieron en Chesme hasta que el compañero de Omar recuperó la salud. Fue entonces cuando alquilaron o compraron un camello y se dirigieron a Estambul, haciendo escala primero en Bursa.

El abulense refiere que «esta ciudad es de las más ricas que hay en La Turquía. Las principales calles de los mercaderes cubiertas de bóvedas con sus luceros y tejados por encima de plomo y ansí todas las más de las calles. En especial las mezquitas en toda La Turquía son muy ricas. Estuvimos aquí ocho días esperando recuas para Damasco, por qué no había camino seguro, que habíamos de pasar junto a las tierras del Gran Tártaro y había ladrones».[8]

Llegan a La Meca pasando por El Cairo

Para poder continuar su viaje no tuvieron más remedio que vender las tocas y con el dinero obtenido comprarse «sendos caballos». A lomos de los rocines partieron rumbo a Alepo, visitaron previamente la tumba del profeta David a orillas del río Éufrates. Partieron nuevamente el primer día del mes de ramadán y formaron parte de una gran caravana de peregrinos. Al cabo de diez días, llegaron a Damasco, donde los dos

---

8 Ana Echevarría Arsuaga et al., *De Ávila a La Meca. El relato del viaje de Omar Patún 1491-1495* (Universidad de Valladolid. 2017).

protagonistas quedaron inmediatamente subyugados por su grandeza y esplendor. Nunca antes habían visto una mezquita de dimensiones tan colosales como la de los Omeya, la Bani Umaya.

Permanecieron cinco meses en Damasco, tiempo durante el cual residieron en la zagüía de los magrebíes, aprovechando su estancia para visitar también muchos de los lugares en los que se desarrollan algunos de los principales hechos de la historia sagrada.

El día veintidós del mes de ramadán, partió de Damasco una caravana, mucho más grande que la que había partido de Alepo, rumbo a La Meca. Omar cuenta que a consecuencia de algunos problemas de salud, y ante la falta de dinero para alquilar camellos, no pudieron unirse a ella por lo que tuvieron que permanecer en Damasco durante un año. Ciento cincuenta días después de su partida la caravana regresó nuevamente, lo hizo muy menguada, ya que muchos de los peregrinos y de los camellos habían muerto a causa de las inclemencias del viaje por el desierto.

Decidieron viajar a Jerusalén y El Cairo, al tiempo que optaron por realizar el último trayecto a La Meca por vía marítima, en lugar de atravesar el desierto. Para ello se embarcaron en un puerto del Sinaí.

Desgraciadamente, en el manuscrito, tal como se ha conservado, no consta la descripción de la etapa del viaje de Damasco a Jerusalén ni tampoco se menciona cuánto tiempo estuvieron en Jerusalén, pero lo que sí se puede deducir de los legajos encontrados es que los musulmanes visitaban, no solo los lugares sagrados para la tradición islámica, sino también otros relacionados con la tradición cristiana. Durante estas visitas entraban en contacto con cristianos, en cierta ocasión conocieron a un fraile catalán y en otra a uno de Arévalo, fray Agustín de San Francisco, hijo de García de la Cárcel. No deja de ser sorprendente lo amistoso de estos encuentros con religiosos cristianos, hasta el punto de que les dieran cartas que les sirvieran de salvaguarda para poder viajar con tranquilidad por el territorio cristiano en su viaje de regreso a Ávila.

También se cuenta que visitaron las tumbas de Abraham, Isaac y Jacob en el valle de Hebrón.

Durante el viaje de Jerusalén a El Cairo, en parte a través del desierto, nuevamente enfermó el compañero de peregrinación de Omar. Al no poder proseguir el viaje, se quedó convaleciente en una ciudad —de la que no se ha conservado el nombre— y Omar continuó su viaje hasta El Cairo, donde volverían a reunirse algún tiempo después.

En El Cairo permanecieron siete meses, al cabo de los cuales Omar y su compañero se unieron a la caravana que salía de El Cairo rumbo a La Meca. Una vez llegaron al puerto del Sinaí esperaron a que llegasen las naves que los llevarían hasta Ŷudda. La navegación por el mar Rojo fue agitada y Omar dejó claro en su relato el peligro que entrañaba navegar por aquellas aguas.

En Ŷudda permanecieron cuatro días admirando la grandeza del puerto, para llegar finalmente a La Meca. Allí describieron pormenorizadamente la ciudad, los ritos de la peregrinación, así como sus impresiones.

De La Meca hasta Ávila

Una vez finalizados los ritos de la peregrinación partieron de La Meca en dirección a El Cairo. Una vez llegado al enclave egipcio, y dado que las galeras venecianas en las que tenían pensado regresar, acababan de partir, tuvieron que permanecer un año en espera hasta que se produjo su retorno.

Cuando les llegó la noticia de que las galeras venecianas habían llegado de nuevo a Alejandría, embarcaron en El Cairo y descendieron por el Nilo rumbo a Roseta, desde donde prosiguieron por tierra su viaje hasta Alejandría.

Finalmente, Omar y su compañero embarcaron en una de las galeras venecianas. Desgraciadamente, una vez a bordo los mercaderes venecianos, tuvieron problemas con las autoridades aduaneras de Alejandría y se enojaron tanto que el capitán de las galeras decidió no llevar a bordo a ningún musulmán. Por este motivo, les hicieron abandonar la galera.

A pesar de todo, continuaron su viaje por mar de regreso a Ávila. No sabemos ni cómo, ni cuándo consiguieron embarcarse, pero el texto del relato describe su viaje por el mar Egeo: cruzando el golfo de Venecia y dirigiéndose hasta Malta para hacer una escala.

Desgraciadamente, la ausencia de los últimos folios nos impide conocer las etapas y las circunstancias del resto del viaje. A pesar de ello, no tenemos ninguna duda de que Omar Patún llegó felizmente a Ávila. Por una parte, disponemos de un documento de las autoridades cristianas —del año 1500— en el que se hace mención de este personaje y, por otra, el Mancebo de Arévalo nos dice que leyó en Ávila un manuscrito de Patún en el que se narraban detalles sobre su peregrinación y lo que vio en La Meca. Y claro está, tenemos el manuscrito del alfaquí aragonés de la ciudad de Calanda, que es un testimonio incuestionable del paso de Omar por Aragón camino de la ciudad castellana.

Los manuscritos encontrados son una muestra de cómo los peregrinos musulmanes castellanos informaban a sus correligionarios de las circunstancias del viaje y de los lugares en los que habían realizado escala, con todos los pormenores. El viaje de Omar Patún duró, aproximadamente, cuatro años, desde finales del año 1491 hasta 1495. Un momento clave en la historia de la humanidad, ya que por aquel entonces un navegante genovés nos sacaba indefectiblemente de la Edad Media.

14. EL VIAJE QUE COMENZÓ EN LA EDAD MEDIA Y TERMINÓ EN LA EDAD MODERNA

Cuatro fueron los viajes que realizó Cristóbal Colón al Nuevo Mundo, todos ellos plagados de alegrías y esperanzas, pero también de algún que otro sinsabor
En 1492 Cristóbal Colón (1451-1506) cruzó el océano Atlántico en busca de una ruta que le permitiese llegar al este de Asia, pero no la encontró, a cambio se encontró con un nuevo mundo, un territorio que no aparecía en los mapas de la época. Allí vio por primera vez árboles extraordinarios, pájaros y oro, pero no monstruos. En el informe que escribió a su regreso a la península se puede leer: «… hallado muchas islas pobladas por un sinnúmero de personas (…) no he hallado ningún hombre monstruoso, como muchos pensaban».[9]
Y es que los europeos del siglo XV sostenían que las tierras lejanas estaban pobladas por seres sobrenaturales. Uno de los primeros en escribir sobre este tema fue el historiador Plinio el Viejo (23-79 d. C.). En uno de sus tratados relata la existencia de personas con cabeza de perro —cinocéfalos—, otras que carecen de boca —astoni—, criaturas con la cara en el pecho —blemios— y otras con una única pierna y un pie gigante —esciápodos—. La Europa medieval se hizo eco de todos estos seres y en los manuscritos no faltaban las ilustraciones en las que aparecían todas esas criaturas fantásticas.
En definitiva, que Cristóbal Colón, además de mostrarnos el Nuevo Mundo, comprobó que de seres monstruosos, nada de nada.

9 Cristóbal Colón. *Diario de a bordo* (Editorial Taurus. 2016).

La Edad Moderna empezó en Huelva

Como ya hemos comentado en otro capítulo, muy probablemente el marinero genovés no fue el primero en conquistar las costas americanas, ya que disponemos de documentos y pruebas arqueológicas que atestiguan que es muy posible que los vikingos se adelantasen varios siglos. En cualquier caso, lo que no se le puede arrebatar es el mérito de ampliar el mapamundi del siglo XV.

A pesar del tiempo transcurrido, su propuesta de viajar a las Indias siguiendo una ruta por occidente nos sigue pareciendo una aventura arriesgada y excesivamente cara. No es de extrañar que el rey Juan II de Portugal (1455-1495) rechazara el proyecto al considerarlo muy poco viable. Hay que tener presente que en aquellos momentos los terraplanistas eran una mayoría y si partimos del axioma de que la Tierra es plana, al navegar hacia el oeste no solo no llegaremos a Asia, sino que terminaremos en un abismo.

El azar quiso que en 1485 Cristóbal Colón llegase al monasterio onubense de La Rábida, acababa de quedarse viudo de Filipa Moniz Perestrelo y se desplazó hasta allí acompañado de su hijo Diego, un niño de corta edad, para visitar a una cuñada suya casada con Miguel Muliart, que estaba al servicio de duque de Medina Sidonia.

El cenobio se encontraba en la confluencia de los ríos Tinto y Odiel y a apenas a tres kilómetros de Palos de la Frontera. Allí encontró, hospitalidad, consuelo y confianza, ingredientes que necesitaban su cuerpo y su espíritu. Pero, además, dos de los frailes de por allí —fray Antonio de Marchena y fray Juan Pérez— escucharon con atención sus tesis y le manifestaron su apoyo incondicional. El asunto no era baladí, ya que aquellos frailes eran consejeros en la Corte de Castilla, por lo que su influencia podría abrirle las puertas que necesitaba.

Los Reyes Católicos, en un primer momento, también se negaron a patrocinar semejante locura, si bien al final la reina Isabel acabaría empatizando con la propuesta del genovés y accediendo a la propuesta. No fue casual que la guerra contra al-Ándalus hubiese mermado de forma considerable las arcas cristianas, por lo que disponer de una ruta comercial propia con las Indias se antojaba en aquellos momentos como una oportunidad que no había que dejar escapar.

El 17 de abril de 1492, los reyes firmaron las Capitulaciones de Santa Fe que autorizaban la expedición de Colón y le otorgaban el diez por ciento de las riquezas que encontrase, una octava parte de cualquier otra empresa descubridora que organizase, así como los títulos de almirante, gobernador general y virrey de todas las tierras que descubriera para él y para sus sucesores en perpetuidad. Una cláusula que, tiempo después, fue insostenible a todas luces y que terminó en 1556, cuando los herederos aceptaron conservar el título de almirante a cambio de una pensión.

En aquellos momentos, Colón no pedía dinero para realizar el viaje, lo que demandaba eran barcos, una tripulación entrenada y víveres suficientes para poder llegar hasta las Indias. Cuantos más barcos y más tripulación mejor, ya que había que recorrer la mar Tenebrosa, un territorio ignoto en aquellos momentos.

Es precisamente entonces, cuando interviene la figura de Luis de Santangel (1435-1498), un personaje decisivo en la consecución del proyecto. Se trataba de un mercader valenciano, judío converso, que actúo como secretario del Rey y que aportó de su fortuna personal y sin intereses la parte que correspondía a la Corona, esto es, un millón ciento cuarenta mil maravedíes. Además, Isabel «pagó» el primer viaje con el importe de la multa que había impuesto a la villa de Palos (Huelva) por saquear barcos portugueses en tiempos de paz, lo que hizo la reina fue cambiar el dinero de la sanción por dos carabelas que estuviesen «totalmente armadas y aparejadas».[10]

Los palenses con sus «mejores intenciones», ofrecieron a Colón los peores barcos de su flota, auténtico material de desguace, al tiempo que se negaron a enrolarse en el proyecto, puesto que el mandato real no les obligaba a aportar la marinería.

---

10 Luis Suárez Fernández, *Los Reyes Católicos: La expansión de la fe* (Editorial Rialp. 1990).

Fue entonces cuando el genovés se planteó reclutar a presos comunes para formar la tripulación, pero una vez más los franciscanos de La Rábida acudieron a su ayuda y le presentaron a Martín Alonso Pinzón (1441-1493), un rico armador, al que Colón le ofreció la mitad de sus ganancias a cambio de colaboración.

El papel de Martín Alonso Pinzón fue clave, ya que aportó medio millón de maravedíes, desechó las dos carabelas ofrecidas por los palenses y contrató otras dos. Además, él capitanearía personalmente la Pinta y su hermano —Vicente Yáñez Pinzón— La Niña. Con su presencia consiguió disipar las dudas que pudiera tener la marinería local, que rápidamente cambiaron de opinión y se mostraron favorables a formar parte de la tripulación.

Los hermanos Pinzón convencieron a su amigo Pedro Alonso Niño, natural de Moguer (Huelva), para que capitaneara la Santa María. Su papel fue similar al de los hermanos Pinzón, costeó parte de la empresa y arrastró con él a gran número de marineros locales. Se estima que, aproximadamente, una tercera parte de la tripulación del viaje del descubrimiento procedía de Moguer.

De esta forma, el 3 de agosto de 1492, las tres naves zarparon del puerto onubense de Palos de la Frontera. Se estima que la tripulación estaba compuesta por unos noventa hombres, entre los cuales había un solo judío, Luis de Torres, al que seleccionaron porque hablaba «ebraico y caldeo y un diz que de arábigo». Pensaron que seguramente su dominio en diferentes lenguas les sería de utilidad cuando llegaran a las Indias.

Aquel viaje, el primero de los cuatro que realizó Colón, comenzó en la Edad Media y terminó en la Edad Moderna.

Los cuatro viajes colombinos

Ahora sabemos que el genovés no las tenía todas con él y llevaba una doble contabilidad en el libro de bitácora, una estratagema con la que conseguiría tranquilizar a la marinería llegado el momento. Algo que realmente sucedió.

Cuando se cumplía un mes de navegación, y con las reservas de agua mermadas, la tripulación de la Santa María protestó enérgicamente y reclamó virar las naves y regresar a la península. Los hermanos Pinzón, como buenos empresarios hábiles en las negociaciones, pactaron con la marinería darse una última oportunidad, navegarían tres días más, si al cabo de los cuales no se avistaba tierra se daría por finalizado el viaje.

Justo cuando se terminaba el plazo, Rodrigo de Triana dio el aviso de tierra. Y es que el 12 de octubre la expedición colombina se topó con una isla que «se llamaba en lengua de indios Guanahani» y que sería bautizada por Colón como el Salvador. Aquella isla estaba habitada por aborígenes taínos. Aquel día se cumplían treinta y tres días desde su salida de las islas Canarias.

El 28 de octubre arribaron en Cuba, pensando que ya se encontraban en el continente asiático, pero al no descubrir grandes ciudades, sino pequeñas aldeas, decidieron seguir navegando, y llegaron a la isla de Haití, a la que llamaron La Española —actual Haití y República Dominicana— en donde contactaron con nativos que les contaron que en la región de Cibao encontrarían oro y riquezas. El almirante confundió ese nombre con el de Cipango, que es como se conocía a Japón en aquella época, por lo que dio por bueno que se encontraban en Asia.

El 25 de diciembre la nao Santa María encalló en un banco de arena y se quedó varada. Fue entonces cuando surgió el primer problema, ya que el casi centenar de tripulantes no cabía en las dos pequeñas carabelas, por lo que se decidió dejar a una cuarentena de hombres allí para que construyeran una fortaleza —el Fuerte Navidad— y entablasen relaciones con los locales, mientras el resto regresaba a la península ibérica en busca de nuevos recursos. El 15 de marzo de 1493, después de sufrir peligrosas tempestades, Colón llegó a Lisboa, unos días después Martin Alonso Pinzón haría lo propio en Bayona.

El segundo viaje se inició el 25 de septiembre de 1493, en esta ocasión el puerto elegido fue el de Cádiz y la flota era mucho más numerosa: tres galeones o carracas, catorce carabelas y una tripulación compuesta por mil quinientos hombres. En este viaje se incluyeron, por primera vez, animales europeos domesticados, como cerdos, caballos y ganado.

El objetivo era un poco diferente al del viaje del descubrimiento, se pretendía continuar las expediciones, establecer colonias, practicar la fe católica y encontrar el camino a la India y Catay. Los expedicionarios llegaron a las islas del mar del Caribe el 4 de noviembre, descubrieron la isla de Borinquen —Puerto Rico— y observaron, con consternación, que el Fuerte Navidad había quedado destruido y sus compañeros asesinados. Fue entonces cuando se tomó la decisión de buscar otro lugar en la isla en donde establecer la primera colonia. La bautizaron como Isabella, en honor a la reina castellana. En este viaje Colón descubrió la isla de Jamaica, recorrió Cuba y llegó hasta la isla de Pinos.

Después de viajar durante cuatro largos meses, y al no encontrar la ruta hacia China, el genovés decidió regresar, lo hizo acompañado de unos doscientos colonos enfermos. El segundo viaje marcó el inicio de un proceso que acabaría integrando a los territorios descubiertos como virreinatos y capitanías, a pesar de que Colón prefería llevar a cabo el modelo de las factorías portuguesas.

Casi tres años tuvo que esperar el genovés para poder emprender su siguiente viaje. La razón no era otra que la merma de su prestigio. En esta ocasión se le concedieron, no sin dificultades, ocho embarcaciones y fue preciso recurrir a los indultos para poder armar las tripulaciones. Los reyes indultaron la pena de quienes tuvieran delitos pendientes a cambio de servir en las Indias durante dos años, si el delito era de muerte o herida, y durante un año, si había sido un delito menor.

En su tercer viaje (1498), el almirante alcanzó tierra continental, descubrió la isla de Trinidad, el río Orinoco y parte de América del Sur. Mientras tanto, algunos colonos habían regresado a la península y mostraban su descontento ante la falta de riquezas y la mala gestión que, a su juicio, llevaba a cabo Cristóbal Colón.

Por este motivo los Reyes Católicos enviaron al administrador y juez real Francisco de Boadilla, su misión era poner en negro sobre blanco lo que se contaba y administrar justicia. El juez pesquisidor, no solo se puso del lado de los demandantes, sino que apresó a Colón y lo envió de regreso a España.

Es cierto que nada más llegar fue liberado, pero su reputación pasaba por sus peores momentos, además en la corte había sido etiquetado, con toda razón, de excéntrico. La verdad es que vestir a todas horas como un fraile y andar descalzo, a pesar de disponer de una posición económica acomodada, ayudaba poco.

Su cuarto y último viaje se efectuó de mayo de 1502 a noviembre de 1504. Consiguió reunir una flotilla de cuatro barcos, dos carabelas y dos naves menores —pataches— en las que partió de Cádiz con ciento cuarenta hombres a bordo. Durante este viaje visitó las pequeñas Antillas, La Española, Jamaica y Honduras. Su misión era explorar zonas ignotas al oeste del Caribe, con la esperanza de encontrar un paso hacia Oriente que le permitiera llegar a las islas de la especiería. Desgraciadamente, esa ruta no estuvo a su alcance, habría que esperar algún tiempo para poder descubrirla.

15. LOS PORTUGUESES LLEGAN A LA INDIA

El arrojo, la codicia y una buena dosis de curiosidad permitió a los portugueses enarbolar su bandera en el océano Índico, una gesta que les permitió controlar el comercio de las especias

A comienzos del siglo XV para conseguir el clavo, la pimienta, la canela o el jengibre, era necesario recorrer medio mundo. Era un viaje sumamente oneroso, sin contar con los peligros que había que estar dispuesto a correr. La mercancía alcanzaba precios muy elevados en los mercados europeos debido a los altos impuestos que había que pagar en cada una de las ciudades en las que se hacía escala.

La situación se complicó aún más cuando en 1453, Constantinopla, un punto clave en la ruta de las especias, cayó en manos del sultán Mehmed II (1432-1481), de forma que los otomanos se convirtieron en dueños y señores de la ruta que iba hasta China y la India.

Un primer intento fallido

En 1488, el navegante portugués Bartolomé Díaz (1450-1500) llegó al cabo de Buena Esperanza después de bordear el litoral africano, culminaba con esta gesta el proyecto que iniciara tiempo atrás el rey Enrique el Navegante (1394-1460) con la finalidad de encontrar el extremo sur de África y proporcionar una ruta alternativa a las Indias. No deja de ser curioso que a pesar del sobrenombre —el Navegante—, este rey tan solo realizó un viaje marítimo en toda su vida, fue en 1415 cuando se desplazó hasta Ceuta.

Díaz había salido de Lisboa en agosto de 1487 al mando de dos carabelas y un barco de provisiones. A comienzos de diciembre fondeó en la bahía de Angola y a continuación prosiguió lentamente hacia el sur. En enero de 1488, le sorprendió una terrible tempestad que se prolongó durante trece largos días y que desvió las naves más hacia el sur. El portugués, avezado navegante, arrumbó hacia mar abierto para hacer frente a los vientos y en cuanto encontró un viento favorable —quizás en el paralelo 40° S—, puso rumbo a toda vela hacia el este, para regresar a la costa.

Cuál fue su sorpresa al no encontrar tierra, allí únicamente había mar abierto. No tardó en advertir que había navegado más allá de la punta de África, es decir, al fin había descubierto el cabo de Buena Esperanza.

Siguió hacia oriente y llegó a la bahía de Algoa, pero en ese punto las provisiones empezaban a escasear y la tripulación no quería adentrarse en aguas desconocidas sin saber en qué momento podría volver a pisar tierra, por lo que la marinería protestó enérgicamente y a Bartolomé Díaz no le quedó más remedio que poner rumbo a Lisboa, eso sí con el orgullo de haber doblado el cabo más majestuoso del mundo, al que bautizó con el nombre de cabo de las Tormentas. Tiempo después Juan II le daría su nombre actual, porque tenía la *esperanza* de encontrar en él un buen paso que le llevara a las Indias. Como así fue.

El viaje de ida a las Indias

Aquella experiencia no cayó en saco roto en la corte portuguesa, apenas nueve años después fue aprovechada, con una mejor planificación, por otro navegante, Vasco de Gama (1469-524).

El viaje se inició el 8 de julio de 1497, Vasco de Gama, un navegante veinteañero, partió de Lisboa con cuatro embarcaciones —San Gabriel, San Rafael, Berrio y Núñez— en busca de una nueva ruta hasta las Indias, que es como en aquellos momentos se conocía al continente asiático. Fue un acontecimiento extraordinario, sin precedentes y que congregó a una gran multitud de curiosos, entre los asistentes se encontraba el poeta Luís de Camões (1524-1580) que expresó con orgullo: «Somos los lusitanos de Occidente,/ y buscamos las tierras de Oriente».[11]

Entre la marinería —que ascendían a unos ciento cincuenta hombres—, había algunos que contaban con amplia experiencia náutica, en especial el piloto de la nave capitana, San Gabriel, que había acompañado a Bartolomé Díaz en su viaje. En la tripulación tampoco faltaba lo que en aquella época se conocía como «degradados» y que no era otra cosa que convictos condenados a muerte, a quienes se les asignaba misiones especialmente peligrosas durante el viaje, de cumplirlas recibían el indulto a su regreso a Portugal.

La flota se hizo a la vela y siguió la ruta acostumbrada de los buques mercantes portugueses de la época, es decir, por la costa de Marruecos, más allá de las Canarias, hasta las islas de Cabo Verde, para luego enfilar hacia el sudeste, bordeando el gran saliente africano. Sin embargo, y en contra de todo pronóstico, a la altura de Sierra Leona en lugar de seguir la costa, donde los vientos solían ser contrarios y dificultaban la navegación, Vasco de Gama puso rumbo sudoeste y enfiló hacia la inmensidad oceánica.

La verdad, todo hay que decirlo, la suerte le acompañó, ya que ahora sabemos que, al describir ese arco en el océano Atlántico, alejándose de la costa, se consigue una ruta más practicable y unos vientos más favorables. En algún punto el capitán cambió nuevamente el rumbo y la flotilla volvió a toda vela hacia el sudeste.

Fue una maniobra arriesgada, ya que durante tres meses la tripulación no avistó tierra, lo cual produjo un cierto malestar. Afortunadamente, el 4 de noviembre la sonrisa se dibujó en sus caras al ver la costa africana, se encontraban en la bahía de Santa Elena, a unos doscientos kilómetros al norte del Cabo de Buena Esperanza. Tomaron tierra y dedicaron ocho días a la limpieza y al aprovisionamiento, tras lo cual

11 Luis de Camoens, *Los Lusiadas* (Editorial Cátedra. 1986).

reanudaron la ruta, avistando el monte de la Mesa el 18 de noviembre, una montaña de cima plana que domina Ciudad del Cabo (Sudáfrica).

Siguiendo hacia el este navegaron más allá de donde había llegado Bartolomé Díaz, de esta forma la flotilla portuguesa se aventuraba en aguas nunca antes observadas por un europeo. Después de unos días de navegación divisaron una isla dominada por Mozambique.

El sultán de Mozambique se presentó a bordo del San Gabriel, donde Vasco de Gama le obsequió con una cena suntuosa y todo tipo de regalos, entre los que no faltaron los sombreros ni las túnicas. El cronista de abordo anotó que el sultán era tan rico que «vio con orgullo y desprecio todo lo que le dimos».

Desde Mozambique navegaron con la ayuda de pilotos árabes y llegaron a Mombasa, en la costa de Kenia, desde donde partieron hacia el puerto de Malindi, su último enclave en la costa africana antes de lanzarse al océano Índico rumbo a la India. El 20 de mayo de 1498, la flota portuguesa, con las características velas blancas y blasonadas con la roja cruz de la Orden de Cristo, arribó en el puerto de Calicut, que desde hacía un siglo era el principal comercio de especias, perlas y piedras preciosas. Actualmente la ciudad ha sido renombrada como Kozhikode y pertenece al estado hindú de Kerala.

De esta forma, el portugués Vasco de Gama se convirtió en el primer europeo en llegar a la India por la ruta que bordea el continente africano. Aquella gesta situó a Portugal como una gran potencia naval y comercial. Y es que hasta dicho momento, el monopolio de esos productos tan preciados estaba en manos de los árabes, quienes los adquirían a precios razonables y los conducían por las rutas caravaneras hacia el mediterráneo, allí los vendían a los comerciantes italianos a precios desorbitados y estos, finalmente, terminaban distribuyéndolos por toda Europa.

Un accidentado viaje de regreso
En términos comerciales el viaje de Vasco de Gama fue bastante infructuoso, le costó mucho vender sus mercancías y

adquirir productos para su rey, no fue capaz de fundar una factoría y estuvo a punto de perder la vida a manos de un complot organizado por los musulmanes. Se podría decir, sin exagerar, que durante los tres meses que estuvo en Calicut, reinó la inquietud y un cierto punto de amargura.

A finales de agosto de 1498, decidió emprender el viaje de regreso, tardó otros tres largos meses en recorrer el océano Índico, un tiempo que a la tripulación se le antojó una eternidad. Hay que tener en cuenta que a la ida consiguieron cruzar esa distancia en poco menos de un mes, gracias a que los vientos monzónicos les fueron favorables.

A lo largo de esas semanas sufrieron vientos contrarios y la conocida como «peste de los marineros», el temido escorbuto, que hizo estragos en la marinería. Uno de los tripulantes —Álvaro Velho— relató en su diario: «… aconteció que a muchos se les hinchaban los pies, las manos y les crecían tanto las encías que cubrían los dientes y así no podían comer».

Y es que el déficit de vitamina C acabó con la vida de tantos marineros que fue preciso abandonar la nao San Rafael cerca de Mombassa por falta de hombres que la pudieran tripular. Algunos estudiosos calculan que Vasco de Gama perdió ciento diecisiete de sus hombres a consecuencia de esta enfermedad.

Cuando Vasco de Gama llegó en septiembre de 1499 a la Santa María de Belém, habían pasado más de dos años, había navegado veinticuatro mil millas náuticas —más de cuarenta y cuatro mil kilómetros— y la mayor parte de sus hombres se habían quedado en el viaje. Y es que tan solo dos de las cuatro naves consiguieron llegar a Portugal. La otra carabela había llegado en julio de ese año, se adelantó porque Vasco de Gama abandonó la expedición para llevar a su hermano Paolo, que estaba enfermo, a las islas Azores, donde esperaba que lo tratasen. Desgraciadamente, los galenos no pudieron hacer nada para salvar su vida.

El navegante portugués llevaba una carta escrita en una hoja de palma para el rey portugués: «Vasco de Gama, gentilhombre de vuestra casa, llegó a mi país lo cual me complació. Mi país es rico en canela, clavo, jengibre, pimienta y piedras preciosas. Lo que de vos pido a cambio es oro, plata, coral y telas purpúreas». Más al grano no podía ir. Aquella misiva era la primera oportunidad en ciento cincuenta años de entablar relaciones comerciales directas, sin intermediarios, entre Oriente y Occidente.

Vasco de Gama fue recibido con todos los honores en la corte lusa, la verdad es que no era para menos. Allí fue recompensado con títulos nobiliarios, riquezas y propiedades, lo cual no fue óbice para que abandonara su espíritu aventurero y repitiera la aventura en dos ocasiones más.

Por su parte el rey portugués, Manuel I (1469-1521), se apresuró en comunicar la buena nueva a Fernando e Isabel de España: «Serenísimos y Excelentísimos Príncipe y Princesa, poderosísimos Señor y Señora (...) han llegado a las India y la han descubierto, junto con otros reinos (...) con los cuales se hace todo el comercio de especias y piedras preciosas...». En la prolija carta ahonda en las riquezas descubiertas y recalca que Portugal disponía de la llave del comercio. El rey portugués no pudo contener su deseo de añadir: «Sabemos que V.A. recibirán estas nuevas con gran placer y satisfacción».[12] En fin, nos ahorraremos los comentarios.

Es cierto que el monarca no andaba desencaminado, en muy poco tiempo Manuel I el Afortunado se convirtió, gracias al comercio de las especias, en el monarca más rico de Europa. Con los impuestos que consiguió recaudar en las colonias indias y africanas ordenó la construcción del Monasterio de los Jerónimos, un soberbio edificio lisboeta dedicado a exaltar las glorias de los navegantes portugueses y que todavía puede admirarse.

---

12 Roger Crowley, *El mar sin fin* (Editorial Crítica de los Libros. 2018).

16. ENRIQUE DE MALACA, EL PRIMERO EN DAR LA VUELTA AL MUNDO

La primera vuelta demostró la redondez de la Tierra, pues los expedicionarios habían navegado en la misma dirección y habían alcanzado el punto de partida. A partir de ese momento, el globo terráqueo nunca más volvería a ser lo que era.

Corría el año 1519 cuando Fernando de Magallanes, un navegante portugués, inició una aventura extraordinaria en nombre del rey Carlos I de España, partió desde Sevilla con cinco naos con el objetivo de llegar a Oriente navegando desde Occidente. Lo que en aquel momento no podía imaginar era que esta hazaña cambiaría para siempre la forma de entender el mundo.

En el siglo XXI nos cuesta creer que el principal motivo por el cual se organizaban arriesgadas expediciones durante los siglos XV y XVI, no fuese otro que ir a buscar especias.

Hay que tener presente que a lo largo de la Edad Media el punto geográfico en donde se producía dicho «tesoro gastronómico», eran las islas de las Molucas, en las llamadas Indias Orientales. Ya hemos subrayado que el viaje hasta allí era largo, costoso y arriesgado, pero no por ello se dejaría de intentar.

En aquellos momentos, el comercio de las especias estaba en manos de árabes e italianos. El afán de lucro y el deseo de disminuir las dificultades para acceder a las especias fue lo que provocó que apareciesen diferentes proyectos para encontrar rutas alternativas.

Hernando de Magallanes, el artífice del proyecto

Hernando de Magallanes nació en la primavera de 1480 en Sabrosa, al norte de Portugal. Tras quedarse huérfano, entró como paje al servicio de la reina Leonor, esposa de Juan II de Portugal. Precisamente durante su estancia en la corte, fue testigo de cómo numerosos aventureros le proponían al soberano luso proyectos para alcanzar las islas de las Especias.

Magallanes ya había superado la treintena cuando presentó su proyecto al rey Manuel de Portugal, quien con desdén rechazó la iniciativa. Fue entonces cuando el portugués decidió probar suerte en España al igual que hizo Colón y presentó su aventura oceánica en la Casa de Contratación de Sevilla. La respuesta fue nuevamente negativa.

Magallanes, hombre tenaz donde los hubiese, y a través de Diego Barbosa, amigo suyo y presidente del Concejo de los Reyes en Sevilla, consiguió una entrevista en privado con Carlos I en Valladolid. Fue allí donde argumentó al monarca que en la división que se hizo del mundo por el Tratado de Tordesillas, las islas Molucas correspondían a la Corona española y no a la portuguesa. Esta explicación fue crucial para que en 1518 se firmara un acuerdo mediante el cual la Corona ponía a su disposición una flota con cinco naves. Además, en las capitulaciones se otorgaba a Magallanes el título de Gobernador y Adelantado de todas las tierras que descubriese.

Sevilla, puerto de Europa

En el siglo XVI, el puerto de Sevilla era parada obligatoria para el comercio entre América y Europa. A esta ciudad andaluza llegaron desde América las primeras patatas, tomates, cacao y especias. Su elección no había sido casual, por una parte, la lejanía a la costa proporcionaba al puerto sevillano cierta seguridad —había que navegar por el río Guadalquivir desde Sanlúcar— y, por otra, en caso de ataque exterior tan solo había que cerrar un punto de salida. Esto motivó que en Sevilla se instalase la Casa de Contratación.

Fue precisamente en esta ciudad donde se instaló Magallanes tras firmar las capitulaciones con el soberano español, concretamente en la casa de Diego Barbosa. Durante dos largos años trabajó sin cesar, reparando los barcos, contratando la tripulación, revisando las cartas de navegación, cargando la artillería… y casándose con Beatriz, la hija de Barbosa, con la que tuvo un hijo.

Para alimentar a casi doscientos cincuenta hombres durante los dos años que duraría la travesía —eso creía Magallanes en aquellos momentos— necesitaría quinientas toneladas de provisiones: galletas de mar, sardinas, arenques, higos, judías, lentejas, arroz, harina, queso, miel, carne de membrillo, vinagre, vino de Jerez, carne de cerdo salada y vacas vivas para que les proporcionaran carne y leche fresca. Además, era preciso cargar velas para iluminarse, instrumentos musicales, repuestos y herramientas para el barco, así como una colección de objetos con los que poder realizar trueques una vez que se llegara al destino.

Entre los «afortunados» que formaron parte de la expedición, se encontraba el erudito italiano Antonio Pigafetta, que ejerció de «reportero», ya que durante la navegación se dedicó a tomar notas sobre anécdotas, curiosidades, peligros… los cuales, tras el regreso, tomarían forma de viaje de aventuras. Gracias a Pigaffeta hemos podido conocer de una forma pormenorizada qué sucedió durante el primer viaje alrededor del mundo. En sus anotaciones se puede leer: «… antes de partir, el jefe determinó que toda la tripulación se confesase, prohibiendo en absoluto que se embarcase mujer alguna en la escuadra…».[13]

Otro de los que embarcaron era Enrique de Malaca, un esclavo de Magallanes que había sido capturado en 1511 en Malaca y que les podría servir de intérprete una vez que hubiesen llegado a las Indias.

Hacia el estrecho de Magallanes

El 10 de agosto de 1519 partieron del muelle de las Mulas, en Triana, cinco naos (Santiago, San Antonio, Trinidad,

13 Antonio Pigaffeta, *Primer viaje alrededor del mundo* (Editorial Alianza. 2019).

Concepción y Victoria) conocidas como la Armada de la Especiería, con doscientas cuarenta y cinco tripulantes y capitaneadas por Hernando de Magallanes. Antes de partir, el portugués juró fidelidad a la bandera española y al rey en el Monasterio de Santa María de la Victoria, donde los navegantes se encomendaron a la Virgen de la Victoria.

En Sanlúcar de Barrameda, hicieron una breve escala, el tiempo suficiente para acabar de cargar todo lo que les faltaba. Desde la desembocadura del río Guadalquivir, las cinco naves desplegaron las velas de trinquete el 20 de septiembre y se hicieron a la mar. La primera escala la hicieron en las islas Canarias, concretamente en Tenerife, para proveerse de leña y agua. Allí los aventureros tuvieron la oportunidad de observar por vez primera un enorme drago.

Pusieron rumbo al Sur desde Tenerife, pasaron frente a las islas de Cabo Verde y las costas de Sierra Leona, donde viraron y pusieron proa hacia Brasil. A partir de ese momento, la navegación se endureció sobremanera, las tormentas se repitieron sin cesar y se produjo un curioso efecto eléctrico —el llamado «fuego de San Telmo»— que hizo creer a los hombres que San Telmo se encontraba en lo alto del palo mayor. Los marineros interpretaron este fenómeno como una señala divina y, al parecer, durante unos minutos caminaron deslumbrados pidiendo clemencia.

A los dos meses de travesía, las naos alcanzaron Brasil. Al principio Magallanes, en contra de todo pronóstico, prohibió a la tripulación descender a tierra, por tratarse de una zona portuguesa. Dos semanas después, cambió de opinión, los marineros se encontraban abatidos por el esfuerzo del viaje y se merecían un pequeño descanso.

El primer lugar donde tomaron tierra fue en Río de Janeiro. Allí probaron por vez primera la piña o la patata y avistaron animales y plantas hasta entonces desconocidos —loros, palo rosa, jacaranda...—. Magallanes ordenó costear hacia el sur y virar hacia el oeste, en busca el ansiado estrecho que permitiría atravesar el continente.

Las condiciones climáticas extremas y el cansancio del que comenzaban a quejarse los marineros, propiciaron que estallase un motín a bordo. Todos los capitanes, a excepción del de la nao de San Antonio, exigían a Magallanes que acordase con ellos que la mejor opción era abortar la expedición y retornar a España. La revuelta terminó con el apuñalamiento del capitán de la nao Victoria y la rendición de los otros dos. Como castigo ejemplarizante Magallanes ordenó que los dos capitanes insurrectos fuesen descuartizados y que algunos marineros fuesen abandonados en una isla.

El portugués no tuvo más remedio que perdonar a algunos de los participantes ya que no podía permitirse el lujo de perder tantos miembros de su tripulación. No deja de ser curioso que entre los perdonados se encontrase Juan Sebastián Elcano, que más adelante jugaría un papel destacado en la expedición.

Durante estas semanas tuvieron contacto con unos indígenas de gran tamaño a los que bautizaron con el nombre de patagones, por el gran tamaño de sus pies, realmente eran tehuelches, un pueblo indígena extinto en la actualidad. Consiguieron apresar a uno de ellos con la intención de llevárselo de regreso a España, pero desgraciadamente murió durante el viaje.

En mayo de 1520, la nao Santiago encalló durante el transcurso de una fuerte tempestad, todos los marineros fueron rescatados pero la nave no pudo ser recuperada y tuvieron que abandonarla.

A finales de octubre, descubrieron una bahía que terminaba en un paso estrecho y este a su vez en otro más estrecho, que se bifurcaba en un dédalo de islotes. Acababan de encontrar lo que ansiaban: el paso que comunica los dos mares. ¡El estrecho de Magallanes!, que inicialmente se llamó Todos los Santos.

Senderos de traición

Esteban Gómez encabezó la segunda rebelión, argumentaba que por el bien de la tripulación debían regresar a España. Ante la negativa de Magallanes, Esteban Gómez decidió abandonarle y regresar por su cuenta. El viaje duraría seis largos meses, durante los cuales descubrieron las islas Malvinas.

Durante mucho tiempo la tripulación de San Antonio se tuvo por los únicos supervivientes de la expedición.

Al cruzar entre los islotes, los navegantes observaron que por la noche los indígenas encendían constantes hogueras, motivo por el cual bautizaron a esta zona como Tierra del Fuego.

El 27 de noviembre —después de veintiséis días navegando por el estrecho— llegaron al océano Pacífico. Magallanes pensaba que se encontraban en el océano Índico y que estaban a pocas jornadas de alcanzar las islas Molucas, por lo que decidió no tomar provisiones en la costa chilena.

Descubrirían su error durante las siguientes semanas, entendiendo que estaban en un mar desconocido hasta aquel momento. Núñez de Balboa lo bautizaría posteriormente con el nombre de Pacífico por lo mansas que eran sus aguas. Durante siglos la influencia española en este océano fue absoluta. Como consecuencia de las numerosas expediciones que lo exploraron, llegó a denominarse el «lago español».

Las semanas de navegación se hicieron interminables, al hambre y al calor se añadió el escorbuto que hizo estragos entre la marinería. En pocos días fallecieron veinte hombres y otros cuarenta agonizaban. Pigaffeta escribió: «El bizcocho que comíamos ya no era pan, sino un polvo mezclado de gusanos que habían devorado toda su sustancia, y que además tenía un hedor insoportable por hallarse impregnado de orines de rata...».[14]

El 6 de marzo de 1521 —después de tres meses sin avistar ninguna isla— el vigía gritó: «¡Tierra a la vista!». Dichosas palabras. Magallanes y sus marineros acababan de encontrar una isla plagada de palmeras y bananeros donde poder descansar y recobrar fuerzas. Los nativos se dedicaron al pillaje, subieron a las naves y robaron todo tipo de enseres y adminículos, motivo por el cual Magallanes bautizó la isla con el nombre de Los Ladrones. Realmente se trataba de la isla de Guam, en el archipiélago de Las Marinas, la cual tiene como flor nacional la buganvilla.

---

14 Antonio Pigaffeta, *Primer viaje alrededor del mundo* (Editorial Alianza. 2019).

En mayo llegaron al archipiélago de las islas Filipinas, a las que bautizaron con el nombre de San Lázaro, donde Magallanes encontró la muerte al ser alcanzado por una flecha envenenada en una batalla con cientos de nativos. El portugués falleció sin ver culminada la circunnavegación del mundo, pero habiendo demostrado que su proyecto era viable, se podía alcanzar «oriente desde occidente».

Magallanes murió a manos de los nativos, dirigidos por Lapu-Lapu, en la batalla de Mactán. Según Pigaffeta, había dispuesto la manumisión de Enrique de Malaca a su muerte. Sin embargo, el nuevo comandante de la expedición —Duarte Barbosa— se negó a concedérsela.

Desgraciadamente, a la muerte del portugués, había que sumarle la de los oficiales y numerosos marineros. Filipinas dejó diezmada la expedición hasta el punto de que no quedaban suficientes efectivos humanos para tripular tres barcos, por lo que se tomó la decisión de incendiar la nao Concepción. De esta forma, los supervivientes prosiguieron el viaje en dos naos, una capitaneada por Gómez Espinosa —Trinidad— y otra por Juan Sebastián Elcano —Victoria—.

Barbosa envió a Enrique de Malaca a una misión de cortesía con el rajá de Cebú, Hamubon, pero lo que hizo en realidad, fue sugerirle al jefe local que invitase a los españoles a un banquete para poder deshacerse de ellos con facilidad, como así sucedió. El único superviviente de aquella celada fue Enrique, que se convirtió en la primera persona en dar la vuelta al mundo.

En julio alcanzaron Borneo, una isla selvática, con una enorme diversidad de flora, entre ella el jazmín real. Fue en estas fechas cuando los marineros vieron por vez primera el dragón de Komodo, rinocerontes, elefantes e insectos hoja.

El regreso a Sevilla

Desde Borneo los expedicionarios alcanzaron el 8 de noviembre la isla de Tidore, una de las islas Molucas. ¡Objetivo cumplido! Acababan de llegar al único lugar del globo terráqueo donde el árbol del clavo produce una especia que vale su peso en oro en los mercados europeos. El archipiélago de Las

Molucas —actualmente integrado en Indonesia— está formado por una treintena de islas de pequeño tamaño, de carácter volcánico y de forma cónica.

Los marineros fueron recibidos con todo tipo de agasajos, pero la estancia no podía demorarse, pues podían ser descubiertos por los portugueses en un territorio que, según el Tratado de Tordesillas, correspondía a la Corona portuguesa.

El 8 de diciembre se hicieron nuevamente a la mar con un enorme cargamento de especias. Desgraciadamente el galeón Trinidad tuvo que regresar porque una vía de agua amenazaba con hundirlo, posiblemente por exceso de carga.

En ese momento se tomó una decisión de enorme calado que pudo haber puesto en peligro la consecución de la expedición: la nao Trinidad sería reparada allí y zarparía con rumbo hacia el este, retornando por el camino que les había traído. Por su parte, la nao Victoria partiría hacia Timor, la última escala antes de afrontar la gran travesía a través del océano Índico. Le esperaba la parte más dura del viaje, pasarían los próximos cinco meses sin poder aprovisionarse ni pisar tierra. Lamentablemente, ellos no lo sabían.

La navegación durante las siguientes semanas fue desoladora, apareció nuevamente el hambre y el escorbuto. Los navegantes tenían la nao cargada de especias capaces de aromatizar los más selectos banquetes, pero, paradójicamente, no tenían nada que llevarse a la boca.

En marzo de 1522 la nao Victoria avistó el cabo de Buena Esperanza, la navegación se hizo en ese momento más dificultosa si cabe, la embarcación se vio sacudida por enormes olas y a punto estuvo de zozobrar. El precio por alcanzar el océano Atlántico fue muy elevado, la mar se cobró numerosas vidas humanas y rompió el mastelero. El cabo de Buena Esperanza había dejado a la nao herida de muerte. Pigafetta escribió: «con ayuda de Dios, el 6 de mayo doblamos este terrible cabo…».

El 9 de julio llegaron a las islas de Cabo Verde, descendieron a tierra a sabiendas de que se trataba de territorio portugués. Es allí donde por vez primera se dieron cuenta de que habían «perdido» un día: «… para ver si nuestros diarios habían sido llevados con exactitud, hicimos preguntar en tierra que qué día de la semana era. Se nos respondió que era jueves, lo que nos sorprendió, porque según nuestros diarios solo estábamos a miércoles…».[15]

Para evitar problemas con los portugueses, Elcano tan solo fondeó frente a la costa, sin entrar en puerto, y contó a los isleños, para no levantar sospechas, que pertenecían a una flota que había partido de América.

Desde allí pusieron rumbo a la bahía de Sanlúcar, donde entraron el 6 de septiembre. Nada más arribar, los marineros besaron la tierra. No podían creerse que hubiesen llegado nuevamente a la península ibérica. La noticia corrió como la pólvora y dos días después una gran multitud les recibió en Sevilla. No en balde, era un día para la historia.

De esta forma Juan Sebastián Elcano, junto a otros diecisiete hombres al límite de sus fuerzas, culminó la primera vuelta al mundo a bordo de la nao Victoria, tras navegar treinta y dos mil millas. Actualmente en la fachada del Ayuntamiento de Sanlúcar hay una placa de cerámica conmemorativa con el listado de los hombres que retornaron a Sanlúcar de Barrameda tras la primera circunnavegación al globo terráqueo. Para ser fieles a la realidad, a los dieciocho hombres habría que sumar otros cuatro —de los cincuenta y cinco iniciales— de la nao Trinidad, que emprendieron la ruta de regreso desde Filipinas y que regresaron a España en 1525.

El emperador Carlos I de España y V de Alemania recibió a Juan Sebastián Elcano, le premió con una renta anual de quinientos ducados y un escudo con un globo y la leyenda «Primus cincundedisti me» —el primero que me circuncidaste—.

---

15 Antonio Pigaffeta, *Primer viaje alrededor del mundo* (Editorial Alianza. 2019).

17. SAMURÁIS EN EL VATICANO

En el siglo XVI tuvo lugar la primera embajada nipona a Europa, si bien la más recordada fue en el siglo siguiente

Hace siglos la situación en el imperio del sol naciente era muy diferente a la actual. En aquel momento eran las mujeres de las aldeas niponas —conocidas como «ama»— las que se sumergían para practicar la pesca bajo el mar. Estas mujeres lo hacían, obviamente, sin ningún tipo de aditamento que las ayudase a respirar.

Tras muchos segundos de inmersión retornaban a la superficie con un botín de cubos de madera rebosantes de erizos de mar, langostas, algas marinas y pulpos. Uno de los trofeos más codiciados era el abulón, un molusco de una sola concha, parecido al caracol, pero con la particularidad de que es capaz de producir perlas nacaradas, de textura rugosa y porosa.

En el idioma japonés, el vocablo «ama» significa literalmente «mujer buceadora», si bien hay zonas en las que se denominan con otra terminología, por ejemplo, se las llama «uminchu» en Okinawa o «kaito» en la península de Izu. Su enigmática presencia se remonta, al menos, al siglo VII.

Estas mujeres se sumergían en las aguas, a menudo a temperaturas inferiores a los cero grados, hasta sesenta veces en una sesión de buceo, que se podía repetir tres veces al día. Se creía que por el mero hecho de ser mujeres eran más adecuadas para esta tarea, debido a que tenían una capa aislante extra de grasa en su cuerpo que les permitía contener la respiración durante más tiempo que los hombres.

Ahora sabemos que cuando el buceador desciende en apnea libre se produce una serie de cambios en su organismo: el diafragma se contrae involuntariamente, lo cual ayuda a bombear sangre al cerebro, la frecuencia cardiaca disminuye, la saturación de la sangre desciende y la capacidad de los pulmones se reduce. Estos cambios muestran la cara menos amable de las profundidades marinas: la narcosis. Se trata de una situación reversible que pone en peligro la vida de la persona que practica el buceo en apnea y que todos los años se cobra varias vidas. Seguramente muchas *ama* fallecieron a consecuencia de la narcosis.

Embajada de Felipe III a Japón

En 1608, el buque español San Francisco, que navegaba de Manila a Acapulco, naufragó en la costa del Japón. Lo hizo frente a las costas de Onjuku, a setenta y cinco kilómetros al SE de Tokio, tras ser fustigado por un tifón. De sus trescientos setenta y cuatro tripulantes, tan solo cincuenta consiguieron sobrevivir y lo hicieron gracias a la ayuda de las *ama*. Los relatos de la época describen como se lanzaron a las aguas gélidas para salvar a los náufragos.

Cuando los supervivientes llegaron a España y narraron lo sucedido, el monarca Felipe III se conmovió tanto que envió a Sebastián Vizcaíno al frente de una misión para entregar unos presentes a Tokugawa —la máxima autoridad del país en aquella época— en señal de gratitud por la ayuda prestada. Entre los obsequios se encontraba un reloj, el que en estos momentos es el más antiguo de Japón. Junto con otro que se encuentra en el monasterio de El Escorial —el candil de Felipe II—, son las dos únicas piezas del mundo, cien por cien originales, con sello de fabricación en el Madrid de siglo XVI.

En el reloj nipón, conocido como el *Reloj occidental de Ieyasu*, hay una inscripción que reza: «Hans de Evalo me fecit en Madrid. A 1581». Hans de Evalo (1530-1598) fue un artesano relojero de origen flamenco que estuvo al servicio de Felipe II.

En alguna ocasión, con motivo del Día del Tiempo, que se celebra en Japón cada 10 de junio, las campanadas del *Reloj occidental de Ieyasu* se han retransmitido radiofónicamente a todo el país.

Japoneses en la cuenca del Guadalquivir

Un poco después de aquel viaje de reconocimiento, a finales de 1614, llegó a Sevilla una embajada japonesa. No era la primera vez, como luego veremos, que sucedía algo similar, ya en época de Felipe II había llegado otra delegación nipona. En esta ocasión estaba integrada por varias decenas de samuráis, algunos de los cuales decidieron quedarse definitivamente en Coria del Río, donde todavía viven algunos descendientes, se calcula que unos setecientos. Todos ellos mantienen un sello distintivo, el apellido Japón.

Todo comenzó cuando Date Masamune, el señor feudal de la región japonesa de Sendai, decidió enviar una delegación para pedir al Papa mediación entre la rivalidad que existía entre jesuitas y franciscanos en la tarea evangelizadora de los japoneses. La verdad es que a nadie se le escapa que, además, en aquella embajada había intereses comerciales. Una misión que pasaría a los anales de la historia con el nombre de Embajada Keicho.

El señor feudal encomendó a Hasekura Tsunenaga (1571-1622) el liderazgo de la expedición, un veterano samurái que por entonces contaba ya con cuarenta y dos años. Este japonés zarpó a bordo de un galeón, el Date Maru, que sería renombrado por los españoles como San Juan Bautista.

Japoneses en Sevilla

El 28 de octubre de 1613, partió el San Juan Bautista con una comitiva de unos ciento cincuenta japoneses, en la cual había samuráis, comerciantes, marinos y sirvientes, así como unos cuarenta españoles y portugueses, entre los que destacaba la figura de un monje franciscano originario de Sevilla, fray Luis Sotelo (1574-1624).

Tras aprovechar la corriente marina del Kuroshio, su primer destino fue Nueva España, para pasar a continuación por California, Acapulco y Ciudad de México. Desde Acapulco, la expedición alcanzó Veracruz, recorrió el Caribe, hizo escala en La Habana, y cruzó finalmente el océano Atlántico hasta llegar a orillas del río Guadalquivir. Era octubre de 1614.

Los japoneses fueron recibidos por el duque de Medina Sidonia. Es fácil imaginar la conmoción que causó, entre los habitantes de Sanlúcar de Barrameda, un galeón cargado de hombres ataviados con llamativas vestiduras y de ojos rasgados. Con más de veinte mil kilómetros a sus espaldas los expedicionarios remontaron el cauce del río hasta Sevilla, haciendo escala previamente en Coria del Río, donde permanecieron por espacio de diez días.

Una vez alcanzada Sevilla, continuaron el viaje por tierra para poder encontrarse en Madrid con el rey Felipe III, al que legítimamente le correspondían las colonias asiáticas y con el que deseaban crear nuevos lazos comerciales.

Sabemos que se alojaron en el convento de San Francisco y que el 30 de enero de 1615 se reunió la delegación, se atendieron las peticiones niponas desde el más puro convencionalismo protocolario y que Hasekura fue cristianizado en las Descalzas Reales y rebautizado como Felipe Francisco Faxicura.

A continuación, partieron hacia Barcelona y desde allí embarcaron con destino a Nápoles a bordo de tres fragatas al encuentro con el Papa Pablo V. Una travesía que no estuvo exenta de contratiempos, ya que una tormenta obligó a arribar en el puerto galo de Saint-Tropez durante unos días.

En noviembre de 1615, Hasekura se reunió con el pontífice y le solicitó el envío de misioneros cristianos a Japón. En ese viaje fray Luis Sotelo fue nombrado obispo de Mutsu, al tiempo que Hasekura fue nombrado ciudadano y senador de Roma.

Tras la reunión en el Vaticano, en enero de 1616 partieron hacia Madrid, pero desde palacio se les indicó que marchasen hasta Sevilla y que prosiguiesen sin más dilación su viaje. Debido a que parte de la comitiva enfermó, entre ellos Hasekura y Sotelo, tuvieron que permanecer unos días en Espartinas y Coria del Río, antes de proseguir su viaje hasta Nueva España.

Navegaron desde Acapulco a Manila y, finalmente, hacia el norte en dirección a Japón. Hasekura llegó en 1620 y falleció dos años después. Por su parte, fray Luis Sotelo se saltó la prohibición que le impedía entrar en el país del sol naciente y regresó dos años después, por lo que fue apresado, encarcelado y martirizado en la hoguera en 1624.

La embajada Tensho

Mucho menos conocida es una embajada anterior llamada Tensho —el nombre de la era en la que se llevó a cabo— y que estuvo financiada por el japonés Otomo Sorin. Hay que tener presente que durante muchos siglos Japón fue un país que no tuvo relación ni contacto con Europa, salvo algún encuentro esporádico con comerciantes aventureros de la Ruta de la Seda según nos contó Marco Polo.

El primer contacto directo documentado entre Cipango —Japón— y Europa se produjo finalmente en 1542, cuando un naufragio lleva a tres marinos portugueses a las islas niponas. Desde ese momento, tuvieron lugar encuentros esporádicos, especialmente, con jesuitas españoles y portugueses.

En 1582, cuando ya Felipe II se había convertido en rey de Portugal, se concibió la idea de enviar una embajada japonesa a Europa. El promotor del viaje fue el jesuita Alessandro Valigliano (1539-1606). En esta ocasión la expedición estuvo dirigida por Mancio Ito (1570-1612) un noble japonés que se convirtió en el primer emisario nipón en llegar a Europa.

Antes de partir se le ordenó que cogiera notas de todo lo que viera y sucediera, tiempo después la recopilación de sus manuscritos tomó forma de libro bajo el título de *De Missione Legatorum Iaponensium ad Romanam Curiam* —La misión de los legados japoneses a la Curia romana—.

El 20 de febrero zarparon de Nagasaki siguiendo la ruta de los navegantes portugueses, haciendo escala en Macao, Malaca, la India y el cabo de Buena Esperanza, desde donde pusieron rumbo al norte hasta llegar a Lisboa. Desde allí se dirigieron a Madrid, donde fueron recibidos con todos los honores en la Torre Dorada del Real Alcázar por la corte de Felipe II. Sabemos que en España visitaron Talavera de la Reina, Toledo, el monasterio de El Escorial, la Universidad de Alcalá, Murcia y Alicante.

Desde el puerto alicantino alcanzaron el de Livorno y siguiendo por la ruta de Florencia llegaron a Roma, donde el papa Gregorio XIII les recibió con todos los honores el 23 de marzo de 1585, poco antes de fallecer. Mancio Ito fue nombrado Caballero de la Espuela de Oro.

Cuando en julio de 1590 los expedicionarios regresaron a su país se llevaron una terrible sorpresa. El nuevo señor —Toyotomi Hideyoshi— consideraba al cristianismo una amenaza y tres años atrás había ordenado la expulsión de sus dominios de todos los jesuitas.

18. TORNAVIAJE, MUCHO MÁS QUE UN VIAJE DE VUELTA

Fue una ruta comercial española que durante siglos unió tres continentes

Entre los años 1522 y 1565, se sucedieron cinco viajes frustrados de regreso desde las islas Filipinas hasta Nueva España. Y es que el Pacífico no hacía honor a su nombre original, sus endiabladas corrientes circulares y la tiranía del monzón hacían casi imposible el viaje en línea recta desde Manila a Acapulco. El tornaviaje —literalmente «viaje de regreso»— parecía estar condenado al más absoluto fracaso.

El asunto no era fútil, hay que tener en cuenta que en aquella época se estimaba que el viaje de ida duraba aproximadamente unos tres meses, mientras que el de vuelta, se prolongaba como mínimo medio año.

La proeza realizada por Juan Sebastián Elcano avivó la llama de la ambición de Carlos I de hacerse con las islas de las Especias. Para ello se creó, en primer lugar, una nueva Casa de la Contratación en La Coruña y, en segundo lugar, se envió una delegación diplomática a la corte portuguesa para promover una comisión conjunta entre las dos naciones que, sobre el terreno, dilucidarían las fronteras.

La negativa lusa no se hizo esperar, lo cual no fue óbice para que el monarca español insistiera en el proyecto y se materializara en una reunión a dos bandas en Vitoria (1524). Desgraciadamente aquella «cumbre política» terminaría sin acuerdo emplazándose las dos partes para una segunda reunión. A ella Carlos I envió lo más granado de la época: Juan Sebastián

Elcano, fray Tomás Durán, Simón de Alcazaba, el doctor Sala-
ya y Pedro Ruíz de Villegas, a los que conminó a reunirse previamente para que consensuaran su opinión y «hablarán con una
sola boca».[16] La segunda reunión tuvo lugar el 31 de mayo de
1524 y terminó exactamente igual que la anterior, sin consenso.

La expedición de Loaísa

El soberano, cansado de esperar, decidió armar una expedición
lo suficientemente fuerte como para cruzar el estrecho de Magallanes, tomar las islas Molucas y regresar a la península. Para
ello dotó a la expedición de siete naves: Santa María de la Victoria —nave capitana—, Sancti Spiritus, Anunciada, San Gabriel,
Santa María del Parral, San Lesmes y Santiago. Al mando de
la misma nombró a fray Francisco José García Jofre de Loaísa
(1490-1526), noble castellano natural de Ciudad Real.

El monarca le designó, además, Gobernador y justicia mayor de las islas Molucas, lo cual equivalía, en cierto modo, al
título de virrey para aquellos nuevos territorios. Su nombra-
miento no fue casual, ya que el hermano del noble era obispo
de Osma y confesor de Carlos I.

Se embarcaron al menos cuatrocientos cincuenta hombres, la mayoría soldados con experiencia, prácticamente
la totalidad procedía del territorio peninsular, había andaluces, vascos, cántabros y gallegos, pero también alemanes,
flamencos e italianos. Entre ellos el más experimentado era,
sin duda, Juan Sebastián Elcano, el único que había ido a las
Molucas con anterioridad.

Las naves iban pertrechadas con piezas de artillería, no se
trataba de un viaje de placer, a buen seguro habría que lu-
char contra los portugueses. En sus bodegas había todo tipo
de productos —quincallería, buhonería, pañería y lencería—
que se utilizarían para comerciar con los nativos una vez lle-
gados a destino.

16 José de Urdaneta Arteche, *El dominador de los espacios del Océano Pacífico*
(Editorial Espasa-Calpe. 1943).

La expedición partió de La Coruña el 24 de julio de 1525 y el viaje fue una sucesión de calamidades y deserciones. De entrada, tres naves no llegaron a cruzar el estrecho de Magallanes y tan solo una —la Santa María de la Victoria— alcanzó las Moluscas, donde la tripulación tuvo que enfrentarse con los portugueses durante un año. El viaje de regreso fue, si cabe, más amargo que la ida y tan solo veinticuatro hombres de esta nao regresaron a España (1536), comandados por el guipuzcoano Andrés de Urdaneta (1508-1568), que formó parte de la expedición como paje de Elcano. En la nómina de fallecidos estaban el propio Loaísa y Elcano.

Ya en la corte, Urdaneta visitó al emperador y le informó acerca del viaje y de la estancia en las Moluscas, de donde, por cierto, regresó con una hija mestiza, a la que llamó Gracia en recuerdo de su madre.

Después de aquella expedición Urdaneta se embarcó para Nueva España con Pedro de Alvarado, quien lo convirtió en un personaje de enorme importancia. A la muerte de este siguió contando con la confianza del virrey Luis de Velasco.

Expediciones fallidas

La expedición de Loaísa no fue el único fracaso marítimo de la época. En 1526 el soberano envió otra expedición, en esta ocasión dirigida por Sebastián Caboto, que partió de Sanlúcar de Barrameda con tres naos, una carabela y poco más de doscientos hombres. Regresó cuatro años después llevando consigo la leyenda de la «sierra de Plata y las tierras del Rey Blanco»[17] que animó a financiar una nueva expedición a cargo de Pedro de Mendoza.

El 31 de octubre de 1527, zarparon de Zihuatanejo —en el estado mexicano de Guerrero— tres naves —Florida, Espíritu Santo y Santiago— rumbo al Pacífico y comandadas por Álvaro de Saavedra. Durante meses, atravesaron los mares del Sur, recorrieron las costas de Nueva Guinea y llegaron a las

17 José de Urdaneta Arteche, *El dominador de los espacios del Océano Pacífico* (Editorial Espasa-Calpe. 1943).

Molucas. Después de muchos sinsabores, deserciones y luchas con los portugueses, en 1534 los únicos ocho miembros supervivientes de la tripulación regresaron a España.

En abril de 1537, Hernando de Grijalba partió al mando de una nave —Santiago— a explorar el océano Pacífico. No tardaron mucho en surgir los problemas a bordo y la tripulación se amotinó, asesinaron al capitán y arribaron a Nueva Guinea, donde abandonaron el barco. Tiempo después fueron rescatados por marineros portugueses.

No corrieron mejor suerte los miembros de la expedición de Ruy López de Villalobos (1542), un hidalgo español que exploró las islas Filipinas —a las que bautizó así en honor a Felipe II, por entonces príncipe heredero— y que trató, sin éxito, de colonizarlas y establecer una ruta comercial con ellas. La flota estaba compuesta por seis barcos e integrada por cuatrocientos hombres, entre marineros, funcionarios y religiosos.

Después de muchos meses de vicisitudes y dos intentos frustrados de retorno, pactaron con los portugueses el viaje de regreso a la península ibérica siguiendo el trayecto de las Indias. La tripulación, compuesta por ciento cincuenta y cuatro supervivientes, llegó en 1546 a Lisboa.

En definitiva, la ruta del Pacífico dejaba un reguero de muertos, barcos hundidos y un estado de desolación generalizada, ya que los españoles habían descubierto un océano con más de veinticinco mil islas y atolones a los que no podíamos sacar ningún rendimiento mercantil.

El problema estaba en la vuelta

Si tomamos como referencia el primer viaje colombino, la ida por el Pacífico era una distancia enorme, tres veces mayor. A pesar de todo, no presentaba mayores dificultades, ya que el conocimiento de los vientos dominantes del hemisferio norte y los lugares en los que realizar escalas a lo largo de la ruta —Las Marianas, la isla de Guam o las islas Marshall— ayudaban enormemente.

El problema estaba, sin duda, en la vuelta, los vientos, las corrientes y las tempestades eran los responsables del fracaso, lo que hacía pensar que, obligatoriamente, había que regresar por África, un viaje que contravenía los acuerdos realizados entre españoles y portugueses. Todo parecía indicar que el Pacífico, el «lago español», quedaba vedado a nuestros intereses.

A pesar de todo, Felipe II se resistía a renunciar al control del inexpugnable Pacífico. En su mente albergaba un nuevo proyecto: ocupar el archipiélago filipino, en las puertas de Asia y descubrir el modo seguro de realizar el tornaviaje. Para lo primero eligió al marinero guipuzcoano Miguel López de Legazpi (1502-1572), para lo segundo escribió al virrey de Nueva España, Luis de Velasco.

El virrey reunió a los expertos y puso especial cuidado en elegir al mejor cosmógrafo que había por entonces en Nueva España: Andrés de Urdaneta, el superviviente del desastre de la expedición de Loaísa. En aquellos momentos era un hombre entrado en años y retirado en un convento de la orden de San Agustín.

Urdaneta aceptó salir de su retiro espiritual, la verdad es que no le quedaba otra opción, pero, eso sí, con algunas condiciones. La primera era que la base de las operaciones del tornaviaje no estaría en Filipinas, que se situaba en territorio portugués, sino en Nueva Guinea. Felipe II aceptó falsamente y a regañadientes aquella petición, ya que necesitaba de su experiencia. Sin embargo, una vez que hubieron partido, y navegadas cien millas, se abrió un cofre cerrado con tres llaves que contenía un pliego real en el que se fijaba el rumbo a seguir y el objetivo definitivo: las islas Filipinas. Urdaneta no tuvo más remedio que acceder.

La expedición partió el 21 de noviembre de 1564 del puerto de La Navidad y estaba formada por dos naos —San Pedro y San Pablo—, un galeón —San Juan—, un patache —San Lucas— y trescientos cincuenta hombres. Fue Urdaneta el encargado de seleccionar personalmente a la tripulación, con ello trataba de evitar motines y favorecer la cohesión entre la marinería. Esto explica que la tercera parte de la tripulación fuese guipuzcoana y que se conociesen previamente entre ellos.

A los dos meses de singladura, llegaron a Filipinas. Una vez en el archipiélago, Legazpi fundó la Villa de San Miguel bajo soberanía española y cumplía la primera parte del viaje. Allí permanecieron cuatro meses, tiempo que aprovecharon para reparar los barcos y preparar el viaje de regreso.

Legazpi entregó a Urdaneta una nave —la San Pedro— para que fijase la ruta de retorno. En contra de todo pronóstico, ya que pensaban que iban a retornar por el mismo escenario, el marinero vasco ordenó navegar rumbo hacia el norte —hasta el paralelo 40). Allí encontró nuevos vientos, esta vez favorables, y una nueva corriente —la de Kuroshio— que circulaba en el sentido de la navegación.

A partir de ese momento la singladura fue favorable y los marineros alcanzaron las costas de California, desde donde descendieron hasta Acapulco, llegando a puerto ciento treinta días después de comenzado el tornaviaje. La expedición había sido un éxito, Urdaneta había encontrado la vuelta desde poniente. Tras aquella hazaña regresó a España, se entrevistó en dos ocasiones con Felipe II para retirarse a continuación a un convento agustino de Nueva España hasta el día de su muerte.

En definitiva, fueron dos marineros vascos —Legazpi y Urdaneta— los primeros en realizar, y, por qué no, en descubrir, la ruta de regreso en la inmensidad oceánica.

Galeón de Manila

El tornaviaje permitió a España la posibilidad de lanzar la mayor empresa comercial del momento, una ruta que unía Nueva España y Filipinas. De esta forma apareció el Galeón de Manila, una línea regular de intercambios que ensambló ambos destinos durante el último tercio del siglo XVI hasta comienzos del siglo XIX. Esta ruta permitía llevar a España, previo paso por el continente americano, productos asiáticos —sedas, alfombras, tapices, marfiles, porcelanas y especias—.

En el mes de marzo o abril, la nao salía de Acapulco, en el pasaje figuraban soldados, mercaderes, misioneros y oficiales reales y las bodegas iban cargadas de maíz, tabaco, caña de azúcar, tomate, cacao, pimiento... Buscaba los vientos alisios del este en el paralelo 10° N del mar de las Damas y continuaba con rumbo oeste hacia la isla de Guam, donde hacía escala. A continuación, la singladura seguía hacia el oeste hasta fondear en la isla de Samar, desde donde enfilaba hasta Manila, a la que llegaba en junio o julio. En total se calcula que había realizado ocho mil millas en cien o ciento cuarenta navegaciones.

El viaje de regreso se iniciaba en Cavite, en la bahía de Manila, en el mes de junio. Tras una travesía de ciento treinta o doscientas singladuras fondeaban en el interior de la bahía de Acapulco, donde se desestibaba la carga. La que tenía como destino final la metrópoli se llevaba por tierra hasta Veracruz en donde era cargada en barcos que acababan arribando en los puertos de Sevilla y Cádiz.

Esta ruta comercial, la del Galeón de Manila, unía tres continentes y estuvo en activo hasta 1815.

19. LOS VIAJES DE UN PIRATA CON PATENTE DE CORSO

Francis Drake fue venerado como un icono de la Edad de Oro de la piratería, a pesar de su inaceptable comportamiento

Los legionarios romanos, las momias egipcias, los dinosaurios y los piratas tienen la innegable capacidad de atrapar la imaginación de pequeños y grandes. Esto ha permitido que personajes como Francis Drake (1540-1596) se hayan labrado un hueco en la historia, a pesar de sus actividades delictivas.

Al parecer su animosidad contra los cristianos apareció a muy tierna infancia. Era el mayor de doce hermanos de una familia humilde que tuvo que huir de Tavistock, su ciudad natal, un pequeño pueblo del interior de Devon, cuando en 1549 una muchedumbre desencadenó una revuelta católica en contra de la opresión protestante. En aquellos momentos, Francis tenía seis años, pero nunca olvidó el turbio episodio.

En 1567, comenzó su carrera de marinero, se embarcó con un primo segundo suyo —John Hawkins— en una expedición para capturar esclavos africanos y llevarlos a las colonias americanas. Una tormenta alteró la ruta del viaje y los barcos ingleses se adentraron en el Golfo de México, hasta llegar al puerto español de Veracruz. Una vez allí, intentaron tomar a la fuerza la fortaleza de San Juan de Ulúa, la cual los españoles defendieron con gran acierto, hundieron dos de los barcos y el propio Drake no tuvo más remedio que huir a nado hasta otra de las naves. Ahí nació su segunda animadversión: la Corona española.

La reina amiga de los piratas

A pesar de que la reina inglesa Isabel I (1533-1603) no apoyaba abiertamente la piratería sí que es cierto que festejaba y aceptaba de buen grado los tesoros que le regalaban procedentes de los barcos españoles. Tampoco dudó en entregar a algunos de ellos un permiso oficial para aterrorizar al enemigo, robarle y matarle si se terciaba. Era la famosa patente de Corso.

Fue en este contexto cuando la reina le encargó a Drake que atacase cualquier barco de bandera no inglesa, siempre y cuando una parte del botín acabase en las arcas de la Corona. En 1572 el corsario zarpó hacia las Indias Occidentales, en Nombre de Dios —en la actual Panamá— donde los españoles cargaban gran parte del oro norteamericano saqueó los barcos y les robó la mercancía. Ese éxito fue el comienzo de su brillante carrera de corsario y azote de los galeones españoles.

Durante los siguientes meses Drake se alió con bucaneros ingleses —como Guillaume Le Testu— y con antiguos esclavos que habían logrado escapar de sus amos, los llamados cimarrones, aunando bajo su mando ataques contra los intereses de la Corona de España.

La primera vuelta al mundo… con bandera inglesa

La gran epopeya de Drake comenzó el 13 de diciembre de 1577, cuando partió del puerto de Plymouth con cinco naves, entre las cuales se encontraba el Pelican, donde iba el propio Drake y ciento sesenta y cuatro hombres.

Dos semanas después atracaron en Mogador (Marruecos), donde sufrieron un ataque sorpresa por parte de los musulmanes, desde allí partieron rumbo a las islas Canarias y Cabo Verde, donde sufrieron el ataque de navíos españoles y portugueses, además, tuvieron que hacer frente a las tormentas y al amotinamiento de parte de la tripulación cuando se encontraban frente a las costas de Brasil.

A finales de agosto solo tres barcos arribaron al estrecho de Magallanes: el Pelican, el Marigold y el Elizabeth. Drake decidió rebautizar al Pelican, en una solemne ceremonia, con el nombre de Golden Hind, en honor a su amigo y patrono

Christopher Hatton, en cuyo escudo de armas había una cierva dorada —*golden hind*—.

Fue precisamente allí donde los expedicionarios se enfrentaron a tribus caníbales, dos marineros fueron troceados y devorados vivos en actos rituales, y atacaron algunas naves españolas, la más importante fue Nuestra Señora de la Concepción, de la que obtuvieron una verdadera fortuna en joyas y plata.

Hay que tener en cuenta que en aquella época, ya lo hemos comentado, el Pacífico era considerado territorio exclusivo de España, era la mar oceánica privada de Felipe II. Drake llevaba instrucciones de reconocer la costa sudamericana, buscar la Terra Australis, una masa continental que se suponía situada en el fondo sur del globo terráqueo, iniciar intercambios culturales con los nativos y anexionar cualquier territorio que no perteneciera a España o Portugal. La verdad es que en la expedición no se mencionaba que debía circunnavegar el globo.

En un principio trataron de remontar la costa chilena, pero los vientos eran tan fuertes que les impulsaron hacia el sur, hacia el polo. Durante las siguientes semanas, tanto el Elizabeth, como el Marigold, desaparecieron, solo quedó el Golden Hind. Uno de los marineros escribió: «esperábamos la muerte de un momento a otro».[18]

El 28 de octubre el tiempo cambió y pudieron fondear frente a un grupo de islas meridionales, desde allí Drake puso rumbo al norte siguiendo la costa chilena. Lo hizo lentamente, saqueando barcos mercantes y atacando puertos. El 13 de febrero de 1579 llegaron a El Callao, el gran puerto de Lima.

En marzo Drake ordenó atacar por sorpresa al desprevenido buque español Nuestra Señora de la Concepción, al que los españoles llamaban Cacafuego, que iba cargado de tesoros. Tras apoderarse del botín siguieron rumbo al norte, pasaron frente a Costa Rica cuando en aquel momento un fuerte terremoto solaba el país. En el cuaderno de bitácora escribió: «cuya

---

18 Gabriel G. Enríquez, *Sir Francis Drake. Villano en España, héroe en Inglaterra* (Editorial Arenas. 2011).

violencia fue tal que nuestra nave y su pinaza… se estremecieron y temblaron como si hubieran ido a caer en tierra».

A comienzos de abril, avistaron otro galeón con tesoros —El Espíritu Santo— que no les ofreció la más mínima resistencia. En ese momento, el Golden Hind no podía robar una onza más de oro sin peligro de acabar el resto de sus días en el fondo del mar. Esta fue precisamente la principal conjetura de las autoridades españolas. ¿Qué camino de regreso tomaría Drake a partir de ahora?

Al corsario inglés se le ofrecía una dicotomía, o bien poner proa al poniente y cruzar el Pacífico como Magallanes, pero la distancia lo desalentaba, o bien regresar por el mismo camino de ida. Había una tercera opción, el camino más corto, a través del inexplorado paso del Noroeste, que se suponía abierto en alguna zona del hemisferio norte. El corsario inglés comprendió que si descubrían el famoso paso «no solo haríamos a nuestra patria un servicio grande y notable, sino que nosotros mismos encontraríamos la vía más corta para volver a casa».

A comienzos de mayo, Drake y sus hombres habían llegado a la altura de lo que actualmente es Oregón, si bien «el frío extremado y lacerante, así como las nieblas, espesas y abominables» les obligaron a abandonar su búsqueda. Retornaron a latitudes más clementes y tras encontrar una bahía —probablemente San Francisco o la bahía de Drake— anclaron el barco. Era el 17 de junio de 1579. Drake y sus hombres fueron los primeros ingleses que desembarcaron en California, a la que bautizaron como Nueva Albión.

Una vez recuperadas las fuerzas emprendieron el camino hacia las costas asiáticas, tras surcar la espuma del Pacífico durante sesenta y ocho días llegaron a una de las islas Palau, al este de Filipinas. Desde allí fueron a las Molucas, las islas de las especias, donde se quedaron una semana.

Al comenzar 1580, el Golden Hind se debatía en los peligrosos canales de Indonesia, tras superarlos la nave capeó temporales, sorteó escollos y bajíos, hasta que llegó a la isla de Java. A partir de ese momento, el viaje fue más tranquilo, en el cono africano los marineros ingleses disfrutaron del «espectáculo más majestuoso y el cabo más bello que vimos en toda la circunferencia de la Tierra».

Desde allí pusieron rumbo a Sierra Leona, las islas de Cabo Verde y Canarias hasta que por fin consiguieron reconocer los acantilados de Cornualles. El 26 de septiembre «sanos y salvos, con mente gozosa y corazón agradecido a Dios»[19] arribaron en el puerto de Plymouth, en lugar del que zarparon. La reina lo recibió como se merecía, como un héroe, y en 1581 nombró a Drake caballero y le honró comiendo a bordo del Golden Hind.

La vuelta al mundo del corsario inglés tuvo un enorme impacto cultural y propagandístico, supuso un triunfo frente a la hegemonía española y un símbolo del poder marítimo inglés, que crecería con el paso de los siglos. Era la primera circunnavegación de un barco inglés, pero, no lo olvidemos, ocurrió cincuenta y cinco años después de la expedición de Magallanes-Elcano, si bien es cierto que fue la primera vez que fue capitaneada por una misma persona.

Vicealmirante frente a la Armada Invencible
En 1585, en pleno hostigamiento inglés de los intereses españoles la reina puso una flota a disposición de Drake y le ordenó que atacase los territorios españoles sin ningún tipo de consideraciones. La primera incursión fue en el puerto de Vigo, al que seguirían las islas Canarias.

Un año después, llegó a La Española en donde, con un contingente de más de un millar de hombres, secuestró la ciudad de Santo Domingo y exigió una fuerte suma dinero por su rescate. A pesar de recibir los ducados acordados incendió buena parte de la ciudad antes de hacerse nuevamente a la mar, en esta ocasión rumbo a Cartagena de Indias (Colombia) en donde repitió la misma operación.

Por aquel entonces Felipe II (1527-1598) estaba preparando una flota —la mal llamada Armada Invencible— para atacar Inglaterra, un proyecto que se enlenteció cuando Drake atacó el puerto de Cádiz, destruyendo una treintena de barcos.

19 John Sugden, *Sir Francis Drake* (Random House UK, 2022).

Cuando por fin se hizo a la mar, el corsario inglés había sido nombrado vicealmirante de la flota inglesa. Tras la debacle española, la reina le encomendó contraatacar la península, de esta forma saqueó La Coruña, tomó por la fuerza las islas Azores y animó a los portugueses en sus anhelos insurreccioncitas.

Más adelante convenció a la reina para organizar una base inglesa permanente en Panamá, lo intentó también en Cuba y en Puerto Rico, pero en todas estas incursiones fue derrotado. A comienzos de 1596, enfermó de disentería frente a las costas panameñas y su cuerpo sin vida fue lanzado al mar. De esta forma se ponía fin a una intensa apasionante vida, en la que ejerció de navegante, esclavista, corsario, explorador y político, cargos desde los que defendió los intereses de su reina.

20. DE TORNEOS MEDIEVALES EN LA PLAYA DE BARCELONA

El ingenioso hidalgo, don Quijote de la Mancha, protagoniza tres salidas por nuestra geografía peninsular, la última le llevará hasta el Mediterráneo

En 1605 Miguel de Cervantes publicó la primera parte de *El ingenioso hidalgo don Quijote*, diez años después apareció la segunda parte y en 1616 el escritor falleció. Las primeras ediciones de la novela no llevaban ilustración alguna, hay que tener presente que, en aquellos momentos, España estaba atravesando una difícil situación y existía una decadencia tanto de la imprenta como del grabado. Habría que esperar hasta el siglo XVIII para encontrar la primera cartografía de el *Quijote*.

Esto no fue óbice para que desde el primer momento la publicación tuviera un enorme interés y hubiese lectores en casi todos los rincones de Europa: en 1607 se editó en Bruselas, tres años después en Milán, en 1612 apareció la traducción inglesa y dos años más tarde la francesa.

Don Quijote, un hidalgo de complexión recia, seco de carnes y enjuto de rostro, realiza tres salidas a lo largo de la famosa novela. A pesar de que cada una ocupa un número diferente de páginas en la obra, todas tienen una distribución muy similar: preparación, salida, aventuras y desventuras y, finalmente, regreso.

De forma paralela, su locura evoluciona en tres fases, correspondientes a cada una de sus salidas. Las dos primeras tienen lugar por tierras andaluzas y manchegas y en la tercera se adentra en tierras aragonesas y catalanas.

Armado caballero andante

La primera salida fue la más corta de todas, se inició al amanecer de un mes de julio, se prolongó tan solo durante tres días y don Alonso Quijano —con el juicio perdido— recorrió apenas nueve leguas. Esta aventura ocupa los primeros seis capítulos de la primera parte de la novela (1605), la cual se imprimió en Madrid, en la casa de Juan de la Cuesta.

Durante esta salida el ingenioso hidalgo sale sin rumbo fijo y es armado caballero en una venta, que a él se le antoja un castillo. Su dueño es andaluz y allí coincide con dos prostitutas que se dirigen a Sevilla con unos arrieros, la Molinera, que es de Antequera, y la Tolosa, que es de Toledo. A ambas las confunde con mujeres de alta alcurnia.

Además de desfigurar la realidad y acomodarla a sus fantasías, durante esta primera aventura, don Quijote sufre un desdoblamiento de la personalidad, unas veces cree ser Valdovinos y otras Abindarráez o Reinaldos de Montalbán.

Don Quijote abandona la venta al amanecer. Al poco de comenzar la jornada se encuentra con un vecino de Quintanar de la Orden, el rico campesino Juan Haldudo, que está azotando a su criado, Andresillo, en un encinar. Como era de esperar, aquel entuerto solivianta al bueno de don Quijote que se interpone entre ellos y termina liberando a Andresillo. Es su primera hazaña como caballero andante.

A continuación, prosigue su camino hasta que Rocinante toma el camino de casa en un cruce de cuatro caminos. De allí a dos millas tropieza con unos mercaderes toledanos en su viaje a tierras murcianas, con los que mantiene una aireada discusión que termina en una trifulca, tras la cual sale malherido y abandonado a su suerte. Afortunadamente, uno de sus vecinos —Pedro Alonso— no tarda en encontrarlo, lo recoge y lo lleva hasta su casa, llegan al anochecer, donde lo atiende su sobrina y el ama de la casa. A pesar del sinsabor del regreso, don Quijote se siente victorioso ya que ha sido armado caballero.

Muy probablemente, en esta primera aventura, don Quijote recorre los Campos de Montiel y lo arman caballero en la venta que había en Puerto Lápice. Toda la salida se desarrolla a lo largo del Camino Real, la aventura del pastor Andrés, muy posiblemente, tiene lugar cerca de La Solana y, cerca de Argamasilla, transcurre la aventura de los mercaderes, donde lo muelen a palos.

La segunda salida de don Quijote

Su segunda salida se prolonga durante dos meses en esta ocasión, escoltado por Sancho Panza. En cuanto a extensión, esta aventura ocupa el resto de la primera parte de la novela —cuarenta y seis capítulos— y, a diferencia de la anterior, el protagonista no cambia de identidad, no duda en ningún momento que es don Quijote.

Sancho Panza le sirve de referente, es quien le advierte de que la realidad es muy diferente a cómo la percibe e intenta convencerlo de que todo es producto de su imaginación. Así, le explica, por ejemplo, que los gigantes son realmente molinos de viento (capítulo 8) y que los rebaños de ovejas no son ejércitos (capítulo 9).

En esta salida tiene lugar la cena con los yangüeses —gentilicio de un pueblo segoviano— y el manteo del escudero por una banda de pícaros (capítulo 17), tras negarse a pagar su estancia en una venta. Es precisamente, tras la conversación con los yangüeses, cuando don Quijote elabora el famoso bálsamo de Fierabrás, un remedio que era considerado una panacea.

Lo obtiene a partir de romero, aceite, sal y vino. Cervantes nos cuenta que, para que haga efecto es preciso ejecutar, durante la preparación, ciertas cruces y rezar algunas oraciones.

Tras la preparación, el hidalgo se lo toma, vomita todo el contenido de su estómago, tras lo que tiene una sudoración profusa, y cae en un profundo y reparador sueño. Después de observar los efectos del bálsamo, Sancho Panza no duda en tomárselo, si bien en su organismo obra de otra forma: «desaguándose por entrambas canales». Don Quijote le explica a su escudero que no debe extrañarse, puesto que el mágico brebaje es capaz de distinguir el estamento social al que pertenece quien lo toma y provoca efectos opuestos.

Enjaulado por el barbero y el cura

En la segunda salida se produce la confusión de unos caminantes con unos soldados encamisados durante un ataque nocturno y el robo del yelmo de Mambrino, en realidad una bacina de un barbero. Es una de las pocas aventuras en las que don Quijote sale bien parado. La importancia de conseguir ese trofeo no es trivial, ya que se cree que hacía invulnerable a su portador, motivo por lo que era una de las mayores ambiciones de los caballeros andantes de la época.

En esta salida tambien tiene lugar la aventura de los galeotes, en la cual don Quijote libera a unos delincuentes que habían sido condenados a remar a galeras porque considera que las penas eran injustas. En «agradecimiento», los presos, una vez liberados, apedrean al hidalgo y a su escudero. Los protagonistas tienen que poner pies en polvorosa y dirigirse hacia Sierra Morena para evitar que la Santa Hermandad los aprese.

Para devolverle la cordura a don Quijote, el barbero y el cura deciden disfrazarse de fantasmas de un castillo encantado para secuestrarlo. Mientras el hidalgo duerme, le amarran los pies y las manos, lo encierran en una jaula y lo llevan, de esta guisa, en un carro tirado por bueyes hasta la aldea.

Por el camino se encuentran con el canónigo de Toledo, que se interesa por el motivo por el que lo han enjaulado. Don Quijote le explica que no es otro que la envidia y que no conoce a sus carceleros. El cura acaba mediando en la conversación y explica que se trata del Caballero de la Triste Figura y que está encantado. Sancho Panza, una vez más, intenta devolver a la realidad a su señor y expone que no está encantado, que los que le llevan preso no son otros que el cura y el barbero.

Don Quijote en Barcelona

La tercera salida corresponde a la Segunda parte del Quijote. La intención del hidalgo es dirigirse a Zaragoza, donde van a celebrase unas justas. Durante el viaje, acompañado de su escudero, recorre la Mancha Oriental —entre Albacete y Cuenca—, y las lagunas de Ruidera, donde está la cueva de Montesinos.

Antes de llegar a esa cueva tiene lugar la estancia en el palacio del caballero del Verde Gabán, que la tradición ubica en Villanueva de los Infantes, al suoreste de las lagunas. Esto significa que las bodas de Camacho, que se nos narran antes de llegar a la cueva de Montesinos, habrían tenido lugar en un punto próximo a las localidades de Alhambra y Ruidera. Desde la cueva de Montesinos el camino sigue hacia el río Ebro, pasando por San Clemente (Cuenca), dado que hay una referencia explícita a la ermita del Rus. En estos capítulos tienen lugar las aventuras del rebuzno y el Retablo de Maese Pedro.

Desde San Clemente pasan por Sigüenza, Medinaceli y Calatayud, hasta llegar al Palacio de los Duques ubicado en Pedrola, a menos de cuarenta kilómetros de Zaragoza. No muy lejos de allí, estaría ubicada la ínsula de Barataria, en el pueblo de Alcalá de Ebro, de la que Sancho Panza fue gobernador.

La lectura cervantina continúa hacia tierras catalanas, antes de llegar a Barcelona una manada de toros arrolla a don Quijote. Lo primero que hacen los protagonistas, como buenos castellano que nunca han visto el mar, es dirigirse a la zona portuaria en donde se cuenta la historia de la hermosa morisca Ana Félix. Es precisamente a orillas del Mediterráneo, donde el Caballero de la Blanca Luna —la falsa identidad de Sansón Carrasco— derrote al ingenioso hidalgo, tras la cual regresa a su hogar para morir en paz.

Como vemos, en esta tercera salida, no son las ventas los escenarios de las reflexiones y las andanzas de don Quijote, sino que una buena parte de la acción tiene lugar en el castillo de los Duques. Es allí donde los protagonistas reciben un maltrato, no ya físico, sino psicológico.

Por otra parte, no es el mar el escenario de las grandiosas hazañas del simpar don Quijote, no son los habitantes de Cataluña los menesterosos personajes que necesitan de su desinteresada intervención, ni tampoco hay allí irredentas doncellas que sean merecedoras de su amor. No, las olas del mar son las testigos mudas del ocaso, de las aventuras que con tanta maestría nos contó Miguel de Cervantes.

21. EL VIAJE DE LOS PADRES FUNDADORES

No fue un viaje ni de exploración ni de conquista, los expedicionarios únicamente querían asentarse en un lugar donde poder profesar libremente su fe

Fueron sesenta y seis días de dura navegación, con fuertes vientos y olas atroces, al final de los cuales, los pasajeros y la treintena de miembros que componían la tripulación del Mayflower, llegaron al continente americano. Arribaron en una costa rocosa y oscura enclavada en una bahía situada a 42° de latitud Norte. Se trataba del cabo Cod y estaba a unos ochocientos kilómetros más al norte de donde tenían previsto arribar.

El pasaje lo componía un grupo de ciento dos hombres, mujeres y niños, conocido como los Padres Peregrinos —*pilgrims*—, miembros de la iglesia puritana. Habían partido el 15 de agosto de 1620 del puerto de Plymouth (Inglaterra) con el propósito de llegar a la colonia de Jamestown.

Los *pilgrims* no se quedaron donde arribaron, sino que fundaron, al otro lado de la bahía, su propia colonia, a la que bautizaron como Plymouth, el mismo nombre de la urbe que habían dejado atrás, al otro lado del océano. Aquel enclave sería la capital de la colonia hasta 1691, año en que se unió con la colonia de la bahía de Massachusetts con la que formaron la provincia de la bahía de Massachusetts.

Los Padres Peregrinos

Antes de continuar con nuestro relato, tenemos que hacer un alto y echar la vista atrás para conocer las circunstancias que motivaron este viaje. Tras la ruptura de Enrique VIII con el catolicismo, la Iglesia anglicana se consolidó. Sin embargo, había algunos críticos que, aferrados a la lectura de las Escrituras, pensaban que las reformas emprendidas no eran suficientes. Estaban decididos a seguir un camino propio, por lo que no tardaron en agruparse en congregaciones que serían conocidas como «los puritanos». Sus miembros eran seguidores de Lutero y, especialmente, de Calvino, y defendían que no debían existir las jerarquías ni los intermediarios entre Dios y los fieles.

En 1603 subió al trono Jacobo I (1566-1625), el primer rey de la dinastía Estuardo, que inició una política de intransigencia religiosa hacia cualquier creencia religiosa que se alejara lo más mínimo de la anglicana.

Cuatro años después un centenar de puritanos de Scrooby, una aldea campesina en el condado de Nottinghamshire, huyeron de Inglaterra y se instalaron en Holanda. Allí encontraron la libertad religiosa que andaban buscando y pudieron ejercer con absoluta libertad su fe sin temer por su integridad física.

Por aquel entonces, la Corona inglesa comenzó a regalar tierras al otro lado del océano, concretamente en Virginia. En 1607, se había fundado Jamestown, el primer asentamiento permanente inglés, pero una serie de contratiempos —incendios, hambrunas, enfermedades— provocaron que, apenas tres años después, el 80 % de los colonos falleciera.

El rey Jacobo I concedió a dos compañías —Compañía de Virgina de Londres y Compañía de Virginia de Plymouth— la autoridad necesaria para establecer asentamientos en la costa de América del Norte. Ambas operaban con cartas idénticas, pero en territorios diferentes, ellas serían las encargadas de establecer un consejo local subyugado a una autoridad suprema, que era la figura del monarca.

Los puritanos vieron aquello como una oportunidad que no podían dejar escapar; allí, alejados del férreo control de Estado y de la Iglesia, podrían dar rienda suelta a una nueva forma de vida. Sin embargo, todavía había algunas asperezas que había que suavizar, la fundamental, disponer de la financiación económica para emprender el viaje.

Un comerciante —Thomas Weston— convenció a medio centenar de socios de la Compañía de Virginia de Plymouth para enviar a este grupo de personas al Nuevo Mundo, a cambio de su mano de obra y de la remesa de pieles, madera o pescado. Fueron aquellos inversores los que fletaron el Mayflower, un barco de carga de treinta metros de eslora y cientochenta toneladas de carga.

A pesar de todo, la rentabilidad de la empresa no estaba totalmente garantizada con la treintena de personas que formaban parte del pasaje, por lo que se decidió reclutar a un grupo de familias humildes hasta completarlo.

Hasta aquel momento, el Mayflower se había dedicado de forma exclusiva al comercio, fundamentalmente al vinícola, realizando regularmente la ruta entre Francia e Inglaterra. El barco tenía tres mástiles y seis velas, que se controlaban con un juego de cincuenta y cinco cuerdas.

La relevancia del viaje

Entre los viajeros de la expedición, además del grupo de puritanos que buscaban la libertad religiosa, había aventureros y comerciantes deseosos de prosperar en una nueva tierra. Dado que a lo largo del viaje empezaron a ponerse de manifiesto algunas diferencias que se antojaban insalvables, decidieron dotarse de un sistema político que les ayudara a establecer un mínimo de concordia. Por ese motivo designaron un gobernador de la colonia y redactaron un código de normas legales, al que se conoce como Mayflower Compact y que es considerado el primer cuerpo de leyes publicado en América del Norte y el antecedente directo de la Constitución estadounidense (1787).

El primer invierno fue aciago, los colonos tuvieron enormes dificultades para construir refugios y conseguir alimentos, hasta el punto de que fallecieron cuarenta y cinco de las ciento dos personas. Afortunadamente la situación cambió con la llegada de la primavera y en noviembre de 1621, en el primer aniversario de su llegada a América, los supervivientes del Mayflower celebraron la primera cosecha. Ese festejo fue considerado tiempo después como el primer Día de Acción de

141

Gracias (*Thanksgiving Day*), un acontecimiento que en el siglo XIX se convirtió en una de las principales fiestas nacionales en Estados Unidos. Y es que la expedición del Mayflower ocupa un lugar de honor en la historia de los Estados Unidos, hasta el punto que cada cuarto jueves del mes de noviembre millones de estadounidenses se reúnen en familia para comer pavo y pasar el día.

Otra de las dificultades a las que tuvieron que hacer frente fue a las deudas contraídas con los comerciantes que financiaron el viaje. Incapaces de cumplir las condiciones dejaron de recibir las ayudas de la compañía. Al final la empresa vendió sus posesiones a los colonos, que las fueron pagando trabajosamente.

Para finalizar, dos curiosidades no del todo conocidas, durante el viaje nació un niño al que bautizaron como Oceanus Hopkins y dos mujeres estaban embarazadas cuando realizaron la travesía, dieron a luz en América a un niño muerto y a Peregrine White, el primer bebé nacido en suelo americano descendiente de ingleses, en esa zona del Nuevo Mundo. De la población primigenia, Plymouth llegó a unos siete mil en 1691.

22. COOK, EL EXPLORADOR QUE AMPLIÓ EL MUNDO CONOCIDO

Se convirtió en el navegante, no español, más importante del Pacífico en el siglo XVIII. Sus tres viajes cambiaron la visión de un mundo que estaba a punto de entrar en una nueva era

James Cook fue explorador, cartógrafo, estudioso de la medicina y de la botánica, y un aventurero con mayúsculas. Sus logros se hacen evidentes cuando uno se detiene a explorar con detalle un atlas anterior a sus viajes marítimos, como puede ser el de Mercator, que data de 1650. En ese mapa los extremos meridionales del extremo sur aparecen representados como una inmensa nube en la que aparece: «Terra Australis Incognita». Un siglo después se publicó el atlas del francés D´Ariville, en el que se excluye cualquier territorio cuya extensión no tenga datos precisos.

Cook nació en 1728 en un pequeño pueblo del norte de Inglaterra y era hijo de un granjero, por lo que nada parecía vaticinar que aquel niño se convertiría en uno de los mayores exploradores de la historia y que acabaría navegando prácticamente por todos los océanos de nuestro planeta.

Al parecer, la llamada del mar la sintió durante su adolescencia, cuando comenzó a trabajar en la ciudad portuaria de Whitby. Durante nueve años, navegó por el mar Báltico y el mar del Norte, al principio como aprendiz y luego como marinero, hasta que le ofrecieron el mando de una nave.

Sin embargo, en 1755 tomó la decisión de abandonar la marina mercantil para ingresar en la Royal Navy. Su decisión obedecía a dos razones: por una parte, la marina inglesa le ofrecía la posibilidad de recorrer el mundo y, por otra, podría dar rienda suelta a su otra gran pasión, la cartografía.

Cook tenía veintisiete años cuando se alistó en la Royal Navy y partió rumbo a América por vez primera para participar en el sitio de las tropas francesas en Quebec (Guerra de los Siete Años). Al mando del bergantín HMS Grenville, tuvo la oportunidad de demostrar su habilidad como cartógrafo, topógrafo, astrónomo, matemático e hidrógrafo., ya que realizó un mapa del río san Lorenzo con una asombrosa exactitud.

El resultado fue tan impresionante que atrajo la atención de los miembros de la Royal Society, a pesar de que Cook no estaba totalmente satisfecho con su trabajo. Como él mismo manifestó su intención era «ir, no solo más lejos de lo que cualquier hombre haya ido antes que yo, sino tan lejos como creo que un hombre puede llegar».[20]

«No te entiendo»

En 1768, recibió el mando del buque HMB Endeavour —que en inglés significa «tenacidad»—. Se trataba de una expedición combinada de la Royal Navy y de la Royal Society al océano Pacífico Sur. El primer viaje tuvo inicialmente un objetivo científico, observar desde la isla de Tahití, descubierta recientemente, el tránsito del planeta Venus a fin de poder calcular la distancia que existía entre nuestro planeta y el Sol.

Por este motivo la Royal Society envió a un equipo de científicos, naturalistas y dibujantes, entre los que se encontraban Joseph Banks y Daniel Solander. Una vez finalizada esta parte de la misión, Cook tenía la orden de averiguar si en el Océano Pacífico existía un continente habitable, la Terra Australis.

El HMB Endeavour era un bergantín mercante reconvertido, es decir, un tipo de barco con el que Cook tenía gran

20 Richard Hough, Captain *James Cook: a biography* (WW Norton & Company. 1995).

experiencia y que disponía de bastante espacio para carga. Esta característica era idónea para realizar un viaje a aguas nunca antes exploradas, ya que permitía almacenar agua y provisiones en abundancia.

Durante la travesía, navegó usando relojes de arena y cuerdas con nudos para medir la velocidad del barco, así como un sextante y un almanaque para estimar la posición de la nave en relación con las estrellas.

Los marineros ingleses arribaron en Tahití dos meses antes del tránsito, con un estado de salud más que aceptable. A pesar de las diferencias en sus costumbres, los indígenas fueron amigables con los navegantes, que quedaron absortos ante la sorprendente flora y fauna del entorno.

El tránsito tuvo lugar, finalmente, el 3 de junio de 1769. El propio Cook escribió: «no vimos una sola nube y el aire estaba perfectamente claro, de modo que tuvimos todas las ventajas que pudiésemos desear para observar el pasaje completo del planeta Venus sobre el disco del Sol».

En la segunda parte del viaje, los acompañó un sacerdote tahitiano —Tupaia— que debía servirle de guía, puesto que Cook quería aprovechar para cartografiar las islas de la Polinesia. Su primer gran destino fue Nueva Zelanda, durante seis meses circunnavegó y cartografió sus dos islas, con lo que comprobó que estaban separadas de Australia. En abril de 1770, alcanzó la costa SE de esta isla y desembarcó en la actual Silvel Bay. Era la primera vez que tripulantes europeos alcanzaban este lugar.

Fue durante este viaje cuando, el por entonces teniente Cook, entró en contacto con la tribu Guugu Yimithirr, unos aborígenes que pronunciaron la palabra «kangaroo» cuando se les preguntó por el nombre de un animal desconocido en Europa y que daba saltos. De forma inmediata, el vocablo fue introducido en el idioma inglés como «kangaroo». Tiempo después se pudo saber que aquella expresión indígena significaba realmente «no te entiendo». Un malentendido que no ha sido subsanado.

Los miembros de la *Royal Society* aprovecharon para recoger plantas endémicas antes de poner rumbo al Cabo de Buena Esperanza, en la actual Sudáfrica, desde donde regresarían finalmente a Inglaterra.

Cook llegó en 1771. Se dedicó a trazar minuciosos mapas de unos ocho mil kilómetros de costas desconocidas hasta ese momento y proclamó la soberanía sobre el norte de Australia. Además, empleó su tiempo en catalogar miles de especies de plantas, insectos y animales.

Sin embargo, para él fue un resultado agridulce, ya que, a pesar de los éxitos cosechados, había perdido gran parte de la tripulación a consecuencia de la malaria y la disentería, no había cumplido el objetivo de llegar al continente del sur y el Endeavour había sufrido daños irreparables en los arrecifes de coral australiano.

Otro detalle que no debe pasar desapercibido, es que Cook introdujo en su viaje el consumo de lima para prevenir la peste de los marineros, cuando regresó tres años después tan solo un tripulante —el 0,84 % de la tripulación— había fallecido por aquel terrible mal.

Segundo viaje

En el otoño de 1771, a James Cook, ascendido a capitán, se le encomendó un nuevo viaje, el de «completar el descubrimiento del hemisferio sur». En julio del siguiente año salieron dos buques —Resolution y Adventure— con una tripulación de casi doscientos hombres. El primer barco —Resolution, que significa «determinación»— era una corbeta de guerra y el segundo —Adventure—, un bergantín. A ambos, la Royal Society, los proveyó de los mejores instrumentos de navegación que había en aquellos momentos.

El 13 de julio de 1772 —cuando se cumplía un año exacto de su regreso— partió Cook con las dos embarcaciones en dirección sur. Durante muchos meses recorrieron la costa antártica soportando temperaturas polares; a continuación, se dirigieron a Nueva Zelanda, donde introdujeron verduras y animales domésticos del Viejo Continente. Desde allí dieron una vuelta completa al Polo Sur y demostraron que la Terra Australis de los mapas antiguos realmente no existía. Poco después de cruzar el Círculo Polar Antártico, por primera vez en la historia conocida, el hielo hizo imposible continuar hasta el continente y se vieron obligados a poner rumbo hacia el este a través del océano Polar Antártico.

En marzo, la expedición decidió retirarse y se encaminaron hacia Nueva Zelanda, pero en el camino los dos barcos se separaron, lo que se tradujo en un resultado felizmente inesperado: el Adventure se topó con la isla de Tasmania. La isla fue cartografiada por primera vez por el capitán del bergantín, Tobias Furneaux. En mayo de 1773, ambas naves se reunieron en el punto de encuentro acordado, el estrecho de Queen Charlotte, entre las dos islas de Nueva Zelanda.

Después de tres años de navegación, regresaron a Inglaterra, después de haber recorrido una distancia superior a tres veces la circunferencia terrestre. El viaje se cerró con un rotundo éxito, ya que los mapas que había dibujado Cook, especialmente en el Pacífico Sur, eran de un gran valor; en especial por haber descubierto multitud de islas donde los barcos podían hacer escala en viajes futuros. Por todos estos éxitos, el explorador fue nombrado miembro de la Royal Society y capitán de navío de la Royal Navy.

Tercer y último viaje

Al año siguiente James Cook emprendió un nuevo viaje, con el que pretendía averiguar si existía un pasaje noroeste entre el océano Pacífico y el océano Atlántico. En esta ocasión recibió dos embarcaciones: HMS Resolution y el HMS Discovery, este último sería capitaneado por Charles Clerke. Entre su tripulación figuraba el oficial Bligh, que años después se haría famoso por ser el capitán que sufrió el motín del Bounty.

El primer encuentro de este viaje fue en las islas Sandwich (Hawai), donde los indígenas le confundieron con Lono, el dios de la fertilidad, la lluvia y la paz, ya que la llegada de Cook coincidió con la fiesta anual dedicada a este dios». Seguidamente navegaron rumbo a la costa occidental de Norteamérica.

A lo largo del verano de 1778 exploraron la zona entre el estrecho de Bering y Oregón, pero una capa permanente de hielo les hizo desistir en su empeño de buscar el legendario pasaje, por lo que retornaron a Hawai. Una mala decisión.

Una vez en la isla se produjo una reyerta entre la tripulación y los isleños en la que James Cook resultó herido mortalmente. Falleció el día de San Valentín —14 de febrero— de 1779, cuando tenía cincuenta y un años. Su cuerpo fue incinerado y sus huesos —excepto algunos de ellos que los hawaianos se quedaron como reliquias— fueron devueltos a su tripulación para que le dieran un enterramiento en el mar.

En este viaje también se devolvió a Tahití a Omai, un joven de Raiatea, que había embarcado a bordo del HMS Adventure en el segundo viaje. Entre ambos viajes, el naturalista sir Joseph Banks, lo introdujo en la sociedad londinense y lo convirtió en una verdadera atracción antropológica.

Actualmente la figura de Cook todavía perdura en nuestra memoria. Le da nombre al estrecho que separa las dos islas de Nueva Zelanda, a la montaña más alta de este país, a una ciudad de Australia, a un cráter en la luna y a un grupo de islas de la Polinesia.

23. UN MOTÍN EN LOS MARES DEL SUR

La misión del HMS Bounty era llevar el fruto del árbol del pan para alimentar a los esclavos

Si hablamos de viajes científicos, nuestra memoria retrocede inevitablemente al siglo XVIII, cuando los grandes exploradores, ávidos de curiosidad geográfica, ampliaron el mundo conocido al descubrir tierras agrestes y lugares recónditos.

Uno de estos viajes fue el del HMS Bounty, cuya misión era llevar la fruta del pan hasta las Antillas. Para comprender el contexto en el que se produjo, es preciso detenernos unos instantes en el escenario que se dibujaba en la Inglaterra del siglo XVIII. Las trece colonias americanas habían declarado, con la ayuda de los franceses, su independencia del Imperio británico. Los ingleses habían establecido colonias en la India, pero todavía faltaba mucho tiempo para que las explotaran a pleno rendimiento, convirtiéndolas en la joya de la Corona inglesa. Ambos acontecimientos propiciaron que el Almirantazgo fijara sus catalejos imperiales en las islas del Caribe.

El árbol del pan

En el segundo viaje de James Cook, embarcó en el HMS Endeavour el aristócrata inglés, Joseph Banks, que más tarde sería presidente de la Royal Society. Como hemos visto, aquella expedición recaló en lugares como Nueva Zelanda, Australia o Tahití, en los cuales Banks tuvo la dicha de poder conocer el árbol del pan, al que bautizó como «el vegetal más útil de la tierra».

La gran capacidad nutritiva y productiva del fruto de esta planta propició que albergara la idea de introducir y aclimatar aquella especie vegetal desde el Pacífico a tierras americanas.

Fue precisamente con esta filosofía con la que se fletó el HMS Bounty, un barco de más de veintisiete metros de eslora, que viajó hasta las islas de Tahití con la misión de cargar sus bodegas con el árbol del pan y llevarlo hasta Jamaica y otras islas del Caribe para alimentar a los esclavos de las grandes plantaciones de azúcar.

Sir Joseph Banks recomendó al teniente William Bligh (1754-1817) para el puesto de comandante del Bounty. Y es que, a pesar de sus treinta y tres años, tenía una dilatada experiencia marítima, en la cual figuraba haber acompañado a James Cook en su tercer y último viaje de circunnavegación (1775-1779). Bligh, por su parte, nombró como segundo de abordo a Fletcher Christian, un amigo suyo y miembro de una influyente familia aristocrática.

A pesar de lo que nos ha transmitido el séptimo arte (*Rebelión a bordo* (1962) de Lewis Milestone) el comandante no era partidario de aplicar castigos corporales a la marinería, una práctica muy habitual en aquella época. Lo que nadie pone en duda, es que fuera arrogante, ambicioso e intolerante, cualidades que eran tenidas por virtuosas entre las gentes de mar de la época. Antes de partir, comentó en varias ocasiones que intentaría realizar la expedición sin castigar a ninguno de sus hombres, un objetivo que, como luego veremos, no pudo cumplir.

Bligh era una *rara avis* que se preocupaba por la salud de su tripulación y por la higiene del barco, hasta el punto de contratar a un violinista, casi ciego, para que tocara el violín mientras sus hombres hacían ejercicio físico en el barco. El comandante estaba convencido de que con esa práctica gozarían de una mejor condición física, un gesto que no fue del todo bien recibido entre sus hombres.

De paraíso a infierno

El 23 de diciembre de 1787, en pleno invierno, el HMS Bounty partió del puerto de Portsmouth con cuarenta y cuatro hombres a bordo. El viaje se inició más tarde de lo previsto debido a un retraso en las órdenes de partida. Su primera escala fue la isla de Tenerife, desde donde puso rumbo al Cabo de Hornos; debido a que la travesía se hizo imposible, el comandante decidió cambiar la ruta y dirigirse hacia el Cabo de Buena Esperanza, en el continente africano. Este cambio de planes supuso incrementar el viaje diez mil millas.

El 26 de octubre de 1788, después de casi un año de travesía, arribaron en la bahía de Matavai, en las islas Otaheite (Tahití). El retraso en la partida, unido a la distancia extra que tuvieron que navegar obligó a Bligh a permanecer cinco meses en la isla, para evitar la estación de los monzones. Durante la estancia, la tripulación sucumbió al buen clima, al paisaje paradisiaco y a la hospitalidad de los nativos, lo cual se tradujo en alguna unión formal entre los marineros y las nativas. También adoptaron algunas costumbres de los isleños, como la práctica del tatuaje.

Las bondades climatológicas y el paternalismo autoritario del comandante propiciaron que tres marineros desertasen, sin embargo, regresaron nuevamente al lado de sus compañeros al ser incapaces de garantizar su propia seguridad frente a los nativos. Bligh, para evitar nuevas fugas, ordenó que los prófugos fuesen fustigados en el barco en presencia del resto de la tripulación.

El 5 de abril de 1789, el Bounty zarpó con menos espacio y con menos agua, como consecuencia del cargamento del árbol del pan —llevaba trescientas nueve plantas— y con grandes tensiones entre la tripulación debido a que no deseaban abandonar la isla. Esta situación hostil propició que, a los veinticuatro días, cuando se encontraban en las proximidades de la isla de Tofua, se desencadenase un motín. Los insurrectos obligaron al comandante y a diecisiete marineros leales a embarcar en un bote auxiliar, de siete metros de eslora y los abandonaron a su suerte con un sextante, una vela y un reloj, sin carta de navegación ni armas.

A pesar de la adversidad, Bligh consiguió llegar a Timor, por aquel entonces colonia holandesa, el 14 de junio de 1789, después de cuarenta y un días de navegación. Habían recorrido unas cinco mil ochocientas millas náuticas, durante las cuales tan solo falleció un marinero, que fue asesinado por unos nativos hostiles en una isla en la que se refugiaron en busca de alimentos.

De vuelta a casa Bligh dio buena cuenta de lo sucedido, presentó cargas judiciales contra los sublevados y la Marina Real Británica envió al navío HMS Pandora para encontrar a los amotinados y poder juzgarlos, así mismo confirmó al comandante en su puesto dentro de la armada.

La tragedia de los insurrectos

Los insurgentes, dirigidos por Fletcher Christian, navegaron por diversas islas de la Polinesia, donde se enfrentaron en repetidas ocasiones a los aborígenes, lo cual se saldó con la muerte de parte de la tripulación. Finalmente, regresaron a Otaheite en donde Christian con otros ocho marineros, y en compañía de seis hombres y once mujeres indígenas, se refugiaron en la isla de Pitcairn. Allí llegaron el 15 de enero de 1790. El resto de la tripulación se vio obligada a permanecer en Otaheite.

Pitcairn tenía dos características que eran del agrado de Fletcher Christian, por una parte, era apta para el cultivo y, por otra, no aparecía correctamente señalizada en las cartas náuticas, lo cual dificultaba que fueran descubiertos. Una vez se hubieron abastecido de todo aquello que les podía ser de utilidad quemaron y hundieron el Bounty para no dejar rastro. Actualmente, el lugar donde se hundió la embarcación se conoce como bahía de la Bounty.

La estancia en la isla no fue fácil para los amotinados, pronto surgieron las reyertas, la causa principal fue el trato vejatorio, que rayaba la esclavitud, que dispensaron a los indígenas, así como la disputa que tenían con ellos por las mujeres. Los indígenas se rebelaron y mataron a todos los marineros —incluyendo a Fletcher Christian— con la excepción de dos, John Adams y Edward Young, el segundo de los cuales falleció en 1829, cuando contaba sesenta y seis años.

Uno de los grandes problemas al que se tuvieron que enfrentar los habitantes de la isla Pitcairn fue la comunicación, ya que ninguno hablaba la lengua de los otros, por ello tuvieron que recurrir a inventarse una lengua propia. Ha llegado hasta nuestros días y se conoce como lengua Norfolk —una mezcla de tahitiano e inglés—, ya que en 1856 los descendientes de aquella isla fueron trasladados a Norfolk.

En 1808 un barco americano —el Topaz— descubrió casualmente a los supervivientes del motín. En aquel momento vivían en la isla unas treinta y cinco personas, básicamente las viudas y la descendencia de los marineros, uno de ellos era Jueves Octubre Christian, hijo de Fletcher Christian y una de las indígenas. Le bautizaron con ese pomposo nombre porque nació un jueves del mes de octubre.

En mayo de 1791, el navío HMS Pandora, capitaneado por Edward Edwards llegó a Otaheite y, en un tiempo record, aprehendió a todos los marineros que aún vivían en la isla. A continuación, el capitán ordenó a los carpinteros de Pandora construir una caja de madera, a la que bautizaron como «caja de Pandora», donde les confinó en condiciones infrahumanas.

De regreso a Inglaterra la embarcación naufragó y muchos marineros, incluidos los cautivos, murieron ahogados; los que consiguieron sobrevivir llegaron a Timor en botes de salvamento, donde esperaron la llegada de un barco que les devolviese a Inglaterra. En junio de 1792 Edwards Edwards ponía a disposición de las autoridades de su país a tan solo diez marineros. Después de un juicio expeditivo, cuatro fueron absueltos y seis condenados a muerte, si bien al final tres consiguieron el indulto.

Un año antes, Inglaterra había fletado un segundo barco —HMS Providence— para completar la recolección del árbol del pan. Había partido el 3 de agosto de 1791. Este viaje se realizó con éxito y se recolectaron más de dos mil plantas del árbol del pan, así como miles de especímenes botánicos de otras especies, que fueron transportados hasta las Antillas.

Bligh, por su parte, volvería a embarcarse rumbo a los mares del Sur, en cuyas aguas sufriría otros dos motines, causados por el retraso en el pago de la marinería y por las durísimas condiciones de vida imperantes en los navíos ingleses. En 1806, fue nombrado gobernador de Nueva Gales del Sur, durante su mandato tuvo que hacer frente a la Rebelión del Ron (1808), por la que fue depuesto y encarcelado en un barco durante más de un año.

Una reflexión final: la historia no ha sido amable con Bligh y eso se debe fundamentalmente a dos hechos. El primero porque algunos de los marineros, como el propio Fletcher Christian, pertenecían a familias distinguidas que hicieron todo lo posible para mancillar el nombre del comandante. Por otra parte, la misión del HMS Bounty era llevar el fruto del árbol del pan para alimentar a los esclavos, en un momento en que la esclavitud empezaba a estar muy mal considerada. A pesar de todo, esto no fue óbice para que a su regreso a Londres fue ascendido al cargo de vicealmirante.

24. LA MAYOR AVENTURA ESPAÑOLA DEL SIGLO XVIII

Fueron cinco años de duro trabajo con todos los ingredientes para una buena película de aventuras: espionaje, intrigas, muertes, hambre, destierros, ideales y enfermedades.

El siglo XVIII ha pasado a la historia por el movimiento ilustrado, que apareció en todos los ámbitos de la sociedad, incluida la vida militar. Hubo una generación de militares ilustrados, hombres de mar y guerra, pero también de ciencia, que protagonizaron algunas de las gestas científicas más importantes de todos los tiempos.

En aquel momento el Pacífico había dejado de ser el «lago español» y distintas potencias europeas rivalizaban en la colonización de islas, así como en la búsqueda de puntos estratégicos para la defensa y el comercio. En ese contexto, jugaron un papel destacado algunas expediciones británicas y francesas, baste recordar figuras como Cook, Pérouse o Bougainville. En nuestro país hay un personaje que brilla con nombre propio, Malaspina.

Alejandro Malaspina y Melilupi (1754-1809) fue un noble y marino italiano al servicio de la Corona española. Nació en Mulazzo, por aquel entonces perteneciente al Gran Ducado de Toscana. En 1774, ingresó en la Marina Real española, distinguiéndose en varias acciones armadas en el norte de África —una de ellas en la defensa de Melilla—, en un viaje a Filipinas y frente a la temida armada británica.

155

En 1788, junto a José de Bustamante y Guerra (1759-1825), propuso al gobierno español organizar una expedición político-científica. Su objetivo era muy ambicioso: dibujar un lienzo de todos los dominios de la monarquía española; incrementar el conocimiento botánico, zoológico y geológico, así como realizar cartas hidrográficas y observaciones astronómicas.

No debe sorprendernos que Carlos III (1716-1788) acogiera la propuesta de buen grado y diera su aprobación para que dos corbetas dieran la vuelta al mundo. Su Majestad amaba la ciencia por encima de todo, desde la arqueología hasta los globos aerostáticos, pasando por la relojería. En las últimas cuatro décadas, el monarca había aprobado expediciones botánicas a Nueva Granada, México, Perú y Chile, con las cuales se reunió un enorme muestrario de la flora americana.

La mayor aventura científica de la historia española

En 1789, partieron del puerto de Cádiz dos fragatas con astrónomos, hidrógrafos, botánicos, dibujantes, naturalistas y marinos de carrera. Los buques fueron diseñados para la ocasión y fueron bautizados con los nombres de Atrevida y Descubierta, en honor a los dos navíos de James Cook —Resolution y Discovery—. Las corbetas fueron fabricadas de forma rigurosa y eficaz, se prestó especial atención a aspectos como su ligereza, su estabilidad y a que contaran con cascos resistentes que pudieran introducirse en zonas angostas y de poco calado.

La expedición estaba integrada por un brillante equipo que aceptó explorar de forma sistemática las costas occidentales de América del Norte y del litoral de Filipinas. Cada barco transportaba ciento dos hombres, entre ellos había un cirujano y un capellán, encargados de atender las heridas del cuerpo y del alma. En la elección de los marineros se prefiriese a gallegos, asturianos y vizcaínos, por delante de andaluces, al considerarlos más «flojos» y con mayor propensión a la deserción.

Cada embarcación se montó, además, con dieciséis cañones —a pesar de que tenían capacidad para veintiséis— y se las dotó de pararrayos de última generación, que consistían básicamente en una pieza de hierro de un metro de longitud con forma de cono truncado, coronado por un alargado estilete de latón.

Antes de la partida se estivó todo el suministro, coles agrias, vinagre, aceite, menestra, pan, tocino, leña, cordajes, betunes, vino de Sanlúcar, medicinas, recambio de arboladura, instrumental científico… No se dejó nada al azar.

Las dos corbetas soltaron amarras el 30 de julio, quizás los marineros no eran conscientes en aquellos momentos de lo que acaba de ocurrir, hacía apenas dos semanas en la capital francesa: el pueblo llano había asaltado la Bastilla, iniciando la Revolución Francesa y, con ella, la entrada en la Edad Contemporánea.

Malaspina —con el grado de capitán de fragata— puso rumbo al río de la Plata, después de hacer una parada técnica en las islas Canarias. Llegaron a Montevideo el 20 de septiembre, desde allí prosiguió hasta las islas Malvinas, para luego doblar el cabo de Hornos y penetrar en el mar del Sur. A continuación, Malaspina se ciñó a las costas occidentales de Sudamérica hasta llegar a Acapulco —abril de 1791—, desde donde se adentró en el mar hacia las costas noroccidentales de Norteamérica.

Llegó a Alaska en donde buscó sin éxito el paso del noroeste, después de adentrarse hasta el fiordo Prince William. Desde allí partió nuevamente hacia el sur, hasta Acapulco, pasando por el puerto Nutka —isla de Vancouver— y Monterrey en California.

Puso rumbo hacia Filipinas y fondeó en Manila. Allí, las fragatas se separaron: Atrevida se dirigió hacia Macao, mientras que Descubierta exploró la costa filipina. En noviembre de 1792, se volvieron a reunir para explorar Nueva Zelanda y Australia, retornando hasta el puerto de El Callao (Perú) y nuevamente hacia España por el cabo de Hornos.

La expedición no llegó a culminar la circunnavegación terráquea prevista inicialmente, esto estuvo motivado por la peligrosidad de la situación provocada por la intromisión de los buques ingleses en el norte del Virreinato de Nueva España.

Los cítricos vencen a la peste del mar

Los principales problemas a los que se enfrentaban los marineros de una expedición transoceánica, eran el entorno inhóspito, con temperaturas extremas que podían oscilar desde el frío glacial hasta el calor tropical, y a una alimentación deficiente. Una de las mayores preocupaciones de Malaspina era que su tripulación enfermara de escorbuto.

Gracias a uno de los médicos de la expedición —el doctor Pedro González—, y siguiendo las recomendaciones del doctor James Lind (1716-1794) de la marina británica, se abasteció a las corbetas con una gran cantidad de naranjas y limones —ricos en vitamina C—, reaprovisionándolas cada vez que tocaban puerto. Con esta medida, consiguieron ser la primera gran expedición que no tuvo bajas a consecuencia del déficit vitamínico.

Un regreso complicado

Durante la travesía los expedicionarios atracaron en treinta y cinco puertos, y algunos —como el de Acapulco, El Callao o las Malvinas— fueron visitados en más de una ocasión. Los expedicionarios levantaron mapas, elaboraron catálogos de mineralogía y de flora, acumularon una ingente cantidad de materiales con los que confeccionaron setenta nuevas cartas náuticas, dibujos, croquis, bocetos y pinturas. Las colecciones botánicas fueron las más completas de la época, con un inventario de unas mil cuatrocientas plantas.

Los estudios anatómicos y fisiológicos incluyeron más de quinientas especies de especies, con un valor zoológico incalculable. Se descubrieron quinientas treinta y siete especies de aves, ciento veinticuatro4 peces, treinta y seis cuadrúpedos y veintiún anfibios desconocidos hasta ese momento. Fue un trabajo impresionante y el nivel científico alcanzó el mismo brillo que las expediciones británicas o francesas.

En septiembre de 1794, cuando regresaron a España, la situación monárquica había cambiado: Carlos III había fallecido, le había sucedido Carlos IV y el hombre fuerte del momento era Manuel Godoy, el Príncipe de la Paz. En la Corte el despotismo ilustrado se había dado paso al servilismo palaciego.

Esta situación no fue óbice para que un año después se presentara un informe pormenorizado titulado *Viaje político-científico alrededor del mundo.* Un documento poco oportuno ya que se incluían observaciones políticas con marcado carácter crítico acerca de las instituciones del virreinato, en el que se mostraba favorable a conceder la autonomía de las provincias americanas y del Pacífico.

En noviembre de ese mismo año Malaspina fue acusado de revolucionario y conspirador, después de un juicio más que dudoso fue condenado a diez años de prisión en el castillo coruñés de San Antón. Afortunadamente, no cumplió la condena en su totalidad, a finales de 1802 fue puesto en libertad gracias a las presiones de Napoleón Bonaparte y fue deportado a Italia, donde falleció años después.

El legado científico de la expedición se acabó dispersando: la British Library compró la cartografía —allí sigue—, el francés Louis Née, el único botánico que regresó, intentó sin éxito vender por su cuenta el herbario, el resto fue amontonado en distintos almacenes. Durante casi doscientos años, la historia no ha sabido apreciar la verdadera magnitud de la expedición, cumbre de la ilustración española, que superó con creces las expediciones de Cook, de La Pérouse y de Bougainville.

25. EL NATURALISTA QUE MEDÍA EL MUNDO

Von Humboldt fue geólogo, minero, geógrafo y astrónomo, aunque su verdadera pasión fue la botánica
Alexander von Humboldt (1769-1859) nació en Prusia, en el seno de una familia adinerada, lo cual le permitió disfrutar de una cuidada educación y le llevó a formarse con los más reputados sabios de las universidades de Berlín, Gotinga y Frankfurt.

En un primer momento su carrera estuvo orientada a la hacienda, motivo por el cual permaneció durante un año en la Academia de Comercio de Hamburgo, una institución dedicada a la instrucción de comerciantes y a las personas que debían servir al Estado en la dirección de bancos y manufacturas.

Durante esta etapa, realizó sus primeros estudios sobre las montañas basálticas del Rhin que, a la postre, le llevarían a formar parte del departamento de Minas. Bajo la batuta del célebre naturalista George Forster (1754-1794), completó su formación mineralógica en Holanda, Inglaterra y Francia, lo cual le llevaría a obtener el puesto de director de minas de Freiberg y Harz. La verdad es que esta etapa de su vida, desde el punto de vista científico, fue muy fructífera ya que consiguió patentar una lámpara que no se apagaba con ningún gas y una máquina de respiración.

En 1796 su madre falleció y recibió una cuantiosa herencia que le permitió dedicarse a viajar y explorar el mundo, por lo que pudo saciar su curiosidad y su interés científico. Fue entonces, cuando se asoció con otro naturalista —Aimé Bonpland (1753-1858)— un brillante científico dedicado fundamentalmente a la botánica. Ambos realizarían la célebre expedición a Sudamérica que se prolongaría durante cinco largos y fructíferos años.

Su afán por medirlo todo

Durante la preparación de su viaje, reunió una selecta colección de instrumentos científicos para poder determinar, entre otros datos, la posición astronómica de los lugares, la fuerza magnética, la declinación y la inclinación de la aguja imantada, la composición química del aire, su elasticidad, humedad y temperatura, su carga eléctrica, su transparencia, el color del cielo y la temperatura del mar.

A pesar de que los instrumentos habían sido elaborados por los mejores constructores quiso comprobar la fiabilidad de los mismos antes de partir, para disminuir con ello los posibles errores que se pudieran derivar de su medición. Sabemos que los comparó con los instrumentos del Observatorio de París y que calculó la longitud de puntos ya conocidos.

Su proyecto inicial era viajar a Egipto, un proyecto que tuvo que modificar por una travesía hacia el Polo Sur, que tras ser arrinconada se reconvirtió en un viaje por Sudamérica. Este continente había sido explorado durante los últimos doscientos años por los españoles, pero con una visión fragmentaria y poco organizada, en cuanto a la recopilación de datos se refiere. Fue precisamente esto, llevar la modernidad científica y disponer de datos precisos del Nuevo Mundo, lo que animó al prusiano a realizar su viaje.

Disponemos de una carta que escribió a su amigo David Friedländer en 1799:

«Eche usted una mirada a la parte del mundo que pienso atravesar —medir y analizar— desde California a la Patagonia ¡Qué placer en esta naturaleza maravillosamente grande y novedosa! Nadie más se habrá dirigido a esta zona con un ánimo tan independiente, tan alegre, con un temperamento tan diligente. Voy a recoger plantas y animales, estudiar el calor, la elasticidad, el contenido magnético y eléctrico de la atmósfera, a analizarla, determinar longitudes y latitudes geográficas, medir montañas (…) Pero todo esto no constituye el objeto de mi viaje. Mi verdadero y único objetivo es investigar la confluencia e imbricación de todas las fuerzas naturales…».[21]

Lo primero que hizo el naturalista fue solicitar por carta al rey español Carlos IV el permiso para penetrar en el Nuevo Mundo:

«Señor,

Imbuido de esta admiración respetuosa que inspira un Monarca, cuya augusta protección ha hecho florecer las ciencias y las artes, me atrevo a presentar a los pies de Su Majestad los deseos que me animan (…) Presentándole los homenajes de la veneración más profunda y de la obediencia más respetuosa, que conservaré, hasta el fin de mis días».

De La Coruña a Venezuela

A bordo de la fragata Pizarro, y acompañado del francés Aimé Bonpland, partió de La Coruña con destino a América. Con ellos llevaban cuarenta y tres instrumentos de medida y observación, entre los que había microscopios, barómetros, termómetros, un reloj de péndulo, brújulas e, incluso, un cianómetro, con el que pretendían medir la intensidad del azul del cielo.

Su primera escala fue en las islas Canarias, donde subieron y midieron el Teide, la temperatura de la lava, la pureza del aire… Dese allí se dirigieron a Cumaná (Venezuela), atravesaron la selva amazónica navegando por el río Orinoco y sus tributarios durante tres fructíferos meses, durante los cuales pasaron por rápidos, sufrieron la tortura de nubes infinitas de mosquitos y una intensa humedad. No tardaron en quedarse sin provisiones, por lo que durante semanas tuvieron que basar su alimentación en semillas de cacao y agua de río.

Su travesía fluvial por la jungla amazónica se plasmó en dos observaciones, por una parte, demostró que el río Orinoco y el Amazonas estaban interconectados por una red de

21 Maren Meinhardt, *Alexander von Humboldt: el anhelo por lo desconocido* (Editorial Turner. 2019).

ríos tributarios y, por otra, cartografió por vez primera el sistema fluvial amazónico.

Después de una breve estancia en Cuba, cruzaron los Andes, desde Bogotá hasta Perú, fue durante este periplo, donde los expedicionarios realizaron su mayor proeza atlética: subir al volcán Chimborazo en Ecuador, considerado en aquellos momentos (1802) la montaña más alta del planeta. En sus escritos describe la sensación de falta de oxígeno durante la ascensión, lo cual les impidió coronar la cumbre de la imponente mole.

Fue precisamente durante la ascensión a este volcán cuando Humboldt entendió que en la naturaleza no había nada aislado, todo estaba interconectado en un todo orgánico —que denominó «cosmos»— y que existía una correlación de ecosistemas a iguales altitudes en todo el planeta. Esto lo plasmó en un dibujo llamado «Naturgemälde». Allí escribió los nombres de las plantas a medida que cambiaba la altitud de la montaña, en las columnas de la derecha e izquierda escribió detalles en relación con el azul del cielo, la humedad, la temperatura...

Humboldt realizó una parada en el lago Valencia (Perú), donde sus habitantes le manifestaron su preocupación por el descenso paulatino del nivel del agua durante los últimos años. El naturalista midió y comparó la evaporación media anual de aquel lago con la de los ríos y lagos conocidos por los científicos europeos. Sus mediciones le llevaron a pensar que el descenso se debía a dos factores: la tala de los bosques circundantes y el desvío de las aguas para el regadío. Precisamente de estas observaciones surgieron sus ideas de cómo la actuación del hombre en el medio ambiente participa en el cambio climático.

Humboltd continuó su viaje hasta Lima, desde donde puso rumbo a Acapulco, haciendo escala en Guayaquil. Durante este recorrido por las costas sudamericanas el prusiano descubrió una corriente fría procedente del continente antártico —que actualmente lleva su nombre— y que se adentraba por las costas de Chile y Perú.

Humboldt, obsesionado con medirlo todo, registró la temperatura y la velocidad de esa corriente y comprobó que el agua en esa región del Pacífico es más fría que en otras regiones geográficas próximas: mientras en otras áreas de este océano el agua puede estar a unos 24 °C, en esta corriente puede rondar los 14 °C.

Humboldt en México

En 1803, Humboldt llegó a México, precisamente a las costas de Acapulco, y permaneció en este país por el periodo de un año. Allí realizó la cartografía de la bahía tras lo cual emprendió su camino hacia la Ciudad de México. En aquellos momentos la única ruta que conectaba el Pacífico con la capital pasaba por Chilpancingo, Taxco y Cuernavaca.

Taxco era uno de los principales puntos mineros de Nueva España, al tiempo que una de las ciudades más ricas, desde allí visitó Guanajuato, donde estaba ubicada la principal mina productora de plata del siglo XVIII, que empleaba a más de tres mil personas y tenía una profundidad de casi doscientos metros.

Su recorrido por tierras mexicanas le llevó a Veracruz, el único punto de donde salían barcos transatlánticos, donde se embarcó hacia La Habana, ciudad caribeña que le serviría de escala hacia Filadelfia (Estados Unidos) a bordo del carguero Concepción. Cuando llegó a tierras estadounidense ya era considerado un investigador y científico de renombre, por ese motivo el presidente Thomas Jefferson no dudó en agasajarle y ejercer de anfitrión durante tres semanas en Washington DC y Filadelfia. En julio de 1804, Humboldt puso rumbo a Burdeos en la fragata francesa La Favorite.

Este científico prusiano, al que algunos han bautizado como el «príncipe de los viajeros», contribuyó a construir el rompecabezas geográfico y natural del Nuevo Mundo. En su travesía a lo largo de diez mil kilómetros, recolectó más de seis mil plantas —unas mil quinientas eran absolutamente desconocidas para la ciencia europea—, realizó sofisticadas mediciones con sus instrumentos científicos y escaló volcanes y montañas.

A su regreso a Europa en 1804, se asentó en París durante dos largas décadas, tiempo durante el cual pudo desglosar todas sus investigaciones publicando más de una treintena de volúmenes con sus narraciones y estudios. En ellos aparecen representados más de cuatro mil plantas, cada una de las cuales aparece ilustrada con un bello dibujo, su ubicación exacta, así como la altitud y la presión atmosférica del lugar en donde se encontró.

Tras culminar su obra regresó a Berlín, su ciudad natal, donde todavía tuvo tiempo para escribir su obra cumbre: *Cosmos*. En ella plasma la conexión entre los seres vivos y los entornos geográficos.

Una última curiosidad, han sido muchos los que han establecido ciertos paralelismos entre las figuras de Colón y Humboldt, puesto que ambos lideraron viajes a América, partieron desde España y lo hicieron con el permiso de la Corona española. A pesar de todo, entre ambos también hay notables diferencias, el primero viajó con un ejército y encontró riquezas materiales, mientras que Humboldt lo hizo con un solo acompañante y lo que encontró fue conocimiento, por lo que regresó con sus alforjas cargadas, no de oro ni de plata, sino de valiosísimas notas manuscritas.

26. LA MAYOR HAZAÑA SANITARIA DE LA HISTORIA

El valor de la Real Expedición, no era tanto llevar la vacuna de la viruela a todas las colonias, sino propagar los beneficios de la misma, enseñar a vacunar y favorecer la perpetuación de la misma

Durante los siglos XVII y XVIII la viruela, a la que el historiador británico Thomas Macaulay definió como «el más temible de todos los ministros de la muerte», tomó el relevo a la peste como el azote a la humanidad. A la elevada mortalidad, en algunos casos próxima al 20 %, había que añadir la ceguera y la desfiguración facial irreversible como señas de identidad. Se calcula que a finales del siglo XVIII morían en Europa anualmente unas cuatrocientas mil personas a consecuencia de esta infección.

En 1796, un médico rural inglés, el doctor Edward Jenner, descubrió un remedio eficaz y seguro para combatir la enfermedad, más allá de los rezos, sangrías, purgas y ayunos que venían practicando los galenos desde tiempo inmemorial. Este médico observó que quienes se infectaban de la viruela de las vacas —*cowpox*—, una enfermedad leve y sin secuelas, no padecían la grave viruela humana —*smallpox*—.

Esta observación la confirmó científicamente al infectar a un niño de 8 años (James Phipps) con viruela vacuna, adquirida por una ordeñadora de vacas, y un tiempo después someter al niño a la inoculación de líquido procedente de una lesión de viruela humana y observío que el niño no desarrollaba la enfermedad. La verdad es que si este ensayo clínico lo hubiera hecho en la actualidad, probablemente el doctor

Jenner habría terminado en la cárcel, ya que sería inaceptable desde el punto de vista de la ética médica.

A partir de este momento, se empezó a difundir la técnica de Jenner que consistía, básicamente, en inyectar en la piel el líquido obtenido de la vesícula provocada por la inyección de una lesión de la viruela vacuna. Fue precisamente por este motivo por el que a esta técnica se la empezó a conocer como «vacunación».

La primera vacuna llega a España

Esta nueva práctica médica causó un gran revuelo en los círculos científicos y en menos de cinco años había embajadores y practicantes en casi todo el mundo. Jenner publicó sus trabajos dos años después y en diciembre de 1800 la vacuna llegó a España. El doctor Francisco Piguillem inoculó, con fluido vacuno procedente de París, de forma preventiva a tres niños de Puigcerdá.

A lo largo de los siguientes meses, siguió vacunando en Vic, Cerdaña y Barcelona. Desde Cataluña la vacuna fue exportada a Aranjuez y a Madrid. La celeridad con la que se propagó la vacunación, en un tiempo en el que las noticias viajaban a caballo o en barco, pone de relieve la trascendencia del descubrimiento.

En ese momento, la Corona española, al igual que otras monarquías europeas, defendía una política mercantilista, según la cual la productividad económica del imperio se relacionaba de forma directa con el tamaño demográfico. En base a esto, se iniciaron proyectos para mejorar la higiene pública y reducir la mortalidad infantil. En estos ideales preventivistas, encajaba a la perfección la vacunación ideada por Jenner.

En junio de 1802, se desencadenó una epidemia de terribles proporciones en el virreinato de Nueva Granada, hasta el punto de que los gobernadores locales suplicaron al monarca español ayuda. Carlos IV derivó la consulta a su Consejo de las Indias en enero de 1803, el cual solicitó informes acerca de si era posible extender la vacuna frente a la viruela en los territorios de ultramar y qué medios serían los más acertados.

Es en este contexto en el que surgió la Real Expedición Filantrópica de la Vacuna, una gesta injustamente olvidada con la que se pretendía que las colonias españolas en América y Filipinas, los dominios de ultramar, se beneficiaran del descubrimiento. Se trata de una de las empresas sanitarias de mayor trascendencia, tanto por su complejidad como por constituir una de las misiones de salud pública más importantes de toda la historia. Este hecho contrasta con el escaso conocimiento que se tiene de ella a nivel general.

Hay que tener presente que en la decisión de promover esta expedición también jugó un papel importante el hecho de que una de las hijas del monarca hubiese sido víctima de la viruela.

Preliminares del viaje

En marzo de 1803, la expedición de la vacuna comenzó a prepararse, se estableció que como sistema de financiación, los gastos de la navegación hasta las costas de ultramar, corrieran a cargo de la Real Hacienda. Una vez allí los gastos de las expediciones locales y la creación de la Junta de Vacunación serían sufragados por los Diezmos Eclesiásticos, los Censos de Indios y los Tributos de Indios, es decir, los procedimientos habituales que tenía la Hacienda Pública para mantener las arcas de los virreinatos. Lo que se tuvo claro desde el inicio es que el gasto no debía ser muy gravoso.

Para que la Expedición tuviese un marco legal y contase con todo el apoyo que precisaba para la difusión y éxito, el 5 de junio se promulgó una Real Orden en la que se comunicaba la propagación de la vacuna contra la viruela a todos los territorios de ultramar.

En cuanto al transporte, en un primer momento se pensó que la expedición se transportase en buques de guerra por ser más ligeros y por tener una comunicación frecuente con las colonias. Finalmente, se contrató una corbeta —María Pita—, dado que se pensaba que el viaje no sería demasiado largo, se firmó un contrato hasta el 27 de enero de 1804, fecha en la cual todavía se encontraba fondeada en el puerto de La Habana.

A continuación, se nombró al doctor Francisco Xavier Balmis y Berenguer (1753-1819) director de la expedición. La elección de este médico —cirujano militar— no fue casual, a su sólida formación intelectual había que añadir sus dotes de mando y su espíritu optimista.

Balmis era un hombre metódico, minucioso, delicado, responsable, astuto, abnegado... en definitiva, tenía todas las cualidades para que la empresa fuese un éxito. Además, había estado en varias ocasiones en América, era un defensor a ultranza de la vacunación y había traducido el tratado más completo de la época sobre la vacuna.

Balmis no podría haber realizado la empresa en solitario, necesitaba un equipo sanitario trabajador y comprometido con el proyecto, por este motivo se nombraron a tres ayudantes médicos, uno de ellos con el cargo de subdirector de la expedición —Josep Salvany—, dos practicantes y tres enfermeros.

Resuelto el espinoso tema de la financiación y el equipo sanitario, uno de los principales problemas que había que resolver era cómo conseguir que la vacuna resistiese todo el viaje, dado que entre algodones o cristales la vacuna se deterioraba. Hasta ese momento se había utilizado pus fresca o remitido a distancia entre dos cristales, pero la duración del viaje hasta América no garantizaba su viabilidad. Hay que tener en cuenta que en 1803 no había neveras y el transporte de vacas vivas infectadas habría dificultado enormemente la travesía.

La solución se le ocurrió al propio Balmis: llevar niños e ir pasando cada cierto tiempo la vacuna de uno a otro, a través del contacto de las heridas. La elección de éstos no fue casual, ya que en ellos la vacuna prendía con más facilidad, una simple incisión superficial en el hombro con una lanceta impregnada del fluido con el virus era suficiente para que apareciesen los granos vacuníferos unos diez días después. El método del «hombro con hombro» era original, pero al mismo tiempo muy delicado, al tratarse de niños.

A través de la vacunación de los niños se aseguraba la viabilidad del virus y, en consecuencia, su capacidad para generar una respuesta inmunológica. Los niños que fueron escarificados con el fluido de la viruela de las vacas recibieron el nombre de «niños vacuníferos».

Balmis recomendó la recolecta de niños de edades comprendidas entre cinco y ocho años que no hubieran padecido la viruela, esto era una cierta garantía ya que los adultos sí podrían haber padecido la infección. Lógicamente las familias estructuradas eran reticentes a «prestar» a sus hijos para una aventura de tales dimensiones. El propio Balmis reconoció que «ningún padre es capaz de dar a sus hijos a un forastero desconocido».[22] Desde el primer momento se optó por reclutar a niños procedentes de inclusas. En compensación, la Corona se comprometía a hospedarlos, cuidarlos y formarles en una profesión que les garantizase y permitiese su integración laboral en la sociedad.

El grupo inicial de niños elegidos fueron cuatro procedentes de los hospicios de Madrid y 18 de los orfanatos de Santiago de Compostela, lo que sumaba un total de veintidós niños, conocidos como «galleguitos». El número era inferior a los veinticinco que había calculado inicialmente Balmis para asegurar el éxito de la misión.

Esta táctica operativa conllevaba introducir un nuevo miembro en el equipo, una persona que tuviese los conocimientos necesarios para atender y cuidar a los niños durante la travesía. Para este puesto, Balmis eligió a Isabel Zendal Gómez, la rectora de la Casa de Expósitos de La Coruña. Fue la encargada de cuidar, no solo a los niños que partían desde España, sino a todos aquellos que fuesen incorporándose a la expedición. Hay que tener en cuenta que el individuo «fuente» o «depósito» no era útil para una nueva inoculación, habría que obtener en los pueblos por donde se pasase nuevos niños no inmunizados transportadores de pústulas útiles. Los niños actuaron como reservorios naturales de la vacuna, garantizando el transporte de la vacuna en perfectas condiciones biológicas.

22 VVAA, *La expedición de Balmis el primer modelo de lucha global contra las pandemias* (Editorial Geoplaneta. 2022).

En cuanto al puerto idóneo para la salida de la expedición, en primer lugar, se optó por Cádiz, por su tradición americanista, pero a medida que se fue perfilando el proyecto el puerto de La Coruña fue ganando adeptos. En este puerto se habían establecido los buque-correo con destino a La Habana, Montevideo y Buenos Aires, los cuales además trasladaban a viajeros y mercancías.

En cuanto a la ruta, inicialmente se propusieron tres diferentes: la del doctor Francisco Requena, la del doctor José Flores y la del doctor Xavier Balmis. El 26 de mayo de 1803 el Consejo de las Indias dictaminó una ruta para la expedición, la cual no se cumplió, Balmis tuvo que hacer modificaciones sobre la marcha, motivadas por la necesidad de propagar con rapidez la vacunación.

Rumbo a América

El 30 de noviembre de 1803, la expedición partió con viento favorable y mar propicia del puerto de La Coruña a bordo de la corbeta María Pita, de unas doscientas toneladas, capitaneada por Pedro del Barco. Balmis llevaba instrumental quirúrgico e instrumentos científicos, así como la traducción del *Tratado práctico e histórico de la vacuna*, de Moreau de Sarthe, para ser distribuido a las juntas de vacuna que se fundaran. La corbeta partió con dos niños inoculados.

La primera escala fue Santa Cruz de Tenerife, donde fueron recibidos de forma calurosa. La expedición no podía comenzar mejor. En la isla permanecieron atracados durante un mes para cumplir la primera de sus misiones, vacunar a la población y establecer en el puerto tinerfeño un centro de vacunación que permitiese difundir y mantener la vacunación en el resto de las islas del archipiélago.

Una vez se completó la misión, la corbeta puso rumbo hacia Puerto Rico, donde atracó casi un mes después, tras una travesía tranquila y sin incidentes. Durante el viaje el doctor Balmis vacunaba dos niños cada vez, para asegurarse la continuidad de la cadena humana. En Puerto Rico, la expedición no disfrutó de los halagos y atenciones de las autoridades locales que habían tenido en Tenerife. Todo fueron contratiempos, por una parte, hubo una ausencia total de colaboración por parte de las autoridades locales, debido a que se había iniciado la vacunación a través de una vacuna procedente de la isla inglesa de Saint Thomas, y por otra, Balmis no encontró niños que cumpliesen las características inmunológicas exigidas para mantener la continuidad de los pases, y que permitiese seguir con la misión.

A continuación, y después de una tormentosa travesía, arribaron en el puerto venezolano de Puerto Cabello, en lugar de hacerlo en La Guayra, como estaba previsto; se trasladaron por tierra hasta Caracas, donde se creó la primera junta de vacuna, que sirvió de modelo a las siguientes.

En la capital venezolana la expedición se fragmentó en dos grupos, uno capitaneado por Salvany, que se dirigió por tierra hasta Santa Fe —capital del Virreinato de Nueva Granada— y desde allí a diferentes territorios de América del Sur, y otro dirigido por Balmis, que regresó nuevamente a la corbeta María Pita. La división de la expedición buscaba abarcar en el menor tiempo posible la mayor extensión de territorio. Ambos grupos nunca más volverían a encontrarse. A partir de ahora seguiremos los pasos del grupo encabezado por Balmis, pero no hay menospreciar la labor que desarrolló Salvany a través de los Andes.

La siguiente escala de la corbeta fue en Nueva España, fondearon en La Habana con veintisiete niños —veintiún gallegos y seis unidos a la expedición en La Guayra—, en la isla ya se había introducido la vacuna, por lo que volvieron a encontrar dificultades para obtener niños aptos para la expedición. Ante la reiterada negativa de las autoridades cubanas de proporcionar los cuatro niños que Balmis necesitaba para no romper la cadena de la vacunación, no tuvieron más remedio que comprar tres niñas esclavas cubanas como portadoras de la vacuna.

Poco después, partieron rumbo a México, llegaron a Sial (Yucatán), desde donde se trasladaron a Mérida, Veracruz y ciudad de México. Durante cincuenta y tres días los expedicionarios llevaron a cabo labores de vacunación y reclutaron a los niños que llevarían la vacuna a través del Pacífico.

La estancia en el virreinato de Nueva España, fue considerada un éxito, tanto en cuanto al número de personas vacunadas —en torno a cien mil— como a las infraestructuras que allí quedaron —juntas de vacuna, redes de centros y espacios sanitarios donde se vacunaba— y al elevado número de profesionales de salud que adquirieron los conocimientos y habilidades técnicas para seguir con el programa de vacunación.

Atravesando el Pacífico

Mientras que para cruzar el Atlántico se había fletado un barco a propósito para la expedición, para la travesía por el Pacífico tuvieron que adaptarse a una nave de vía regular. Tras conseguir veintiseis niños mexicanos, el 7 de febrero de 1805, Balmis partió desde Acapulco a bordo del navío San Francisco de Magallanes, que cubría la línea regular a Manila.

A la dureza de la travesía, hubo que añadir un viaje plagado de incomodidades y malas condiciones de salubridad, ya que el barco transportaba habitualmente carga. La alimentación también dejaba mucho que desear, la dieta consistía básicamente en carne procedente de ganado enfermo, judías, lentejas y unos pocos dulces. Balmis se quejó tanto del mal trato dado a los niños, en los que residía el éxito de la expedición, como del elevado coste de los pasajes. Para colmo de males, cuando el barco llegó a la bahía de Manila, tras sesenta y siete días de viaje, no había nadie para recibirlos. En aquellos momentos el archipiélago filipino dependía administrativamente del virrey de la Nueva España.

Durante su estancia en Manila, que se prolongó por espacio de varios meses, se estableció un programa para vacunar al mayor número posible de personas y se creó una junta de vacuna.

Balmis, que sabía que la vacuna no se había difundido en China, tomó la decisión de viajar a Macao para propagar el programa de vacunación. Allí llegó con tres niños filipinos a bordo de la fragata Diligencia tras una durísima travesía en la que fueron sorprendidos por un tifón. Balmis se adentró en territorio chino vacunando hasta alcanzar la provincia de Cantón.

La salud de Balmis estaba quebrantada, llevaba enfermo de disentería desde hacía varias semanas y los síntomas lejos de remitir se acentuaban. Fue entonces cuando el galeno, exhausto por su situación decidió emprender el viaje rumbo a Europa, lo cual fue una tarea difícil. Tras solventar los graves problemas económicos que le impedían costear su pasaje, consiguió una plaza a bordo del navío portugués Bon Jesús de Alem, que salía desde Macao con rumbo a Lisboa.

Durante la travesía, Balmis tuvo tiempo para recuperarse y cuando el barco hizo una escala técnica en la isla de Santa Elena, que en aquel momento era colonia inglesa, el médico español consiguió, a pesar de las enormes reticencias de las autoridades locales, implementar la vacunación en la isla.

Finalmente, la fragata portuguesa llegó a Lisboa el 14 de agosto de 1806, habían pasado treinta y dos meses y catorce días después de su partida de La Coruña. Tras una breve estancia, Balmis alquiló un carruaje que le llevó a España. Finalmente, fue recibido el 7 de septiembre de 1806 por Carlos IV al que rindió cuentas de la Real Expedición y del que obtuvo la felicitación por el éxito de la empresa. Fue el gran día de Balmis, el premio a una labor titánica y a una entrega sin descanso a través del globo terráqueo. En 1807, Carlos IV nombró al doctor Balmis cirujano de cámara e Iispector general de la vacuna en España.

Después del viaje

Antes de partir de Macao Balmis había dejado a su ayudante Antonio Gutiérrez la dirección de la vacunación de las islas, así como la planificación del regreso a Acapulco. Isabel Zendal, la rectora de la casa de expósitos de La Coruña, también permaneció con ellos en Filipinas. Durante los dos años que se prolongó la estancia vacunaron a más de veinte mil personas. El 19 de abril de 1807, partieron de nuevo en el Magallanes rumbo a México con veinticinco niños.

Cuando las tropas napoleónicas entraron en España y José Bonaparte fue proclamado rey de España, Balmis no juró acatamiento al nuevo monarca y se trasladó a Sevilla, siguiendo a la Junta Central, que le ordenó que regresase a México para continuar la vacunación por aquellos territorios, ya que habían llegado noticias de que el fluido se estaba extinguiendo a causa del abandono de los facultativos del programa de vacunación de aquella zona. A mediados de 1810 Balmis partió de Cádiz rumbo a Veracruz, desde donde regresó tiempo después con «un cajón de plantas exóticas vivas».

En cuanto a los niños, su destino al regresar a España es incierto y se desconoce si el Erario Público cumplió su parte del trato. Actualmente. en la calle Parrote, en el puerto de La Coruña, hay una escultura homenaje a los niños huérfanos que partieron con la expedición —los galleguitos—.

Se ha acusado a los españoles de haber acabado con la vida de miles de indígenas a causa de las enfermedades que llevaron a América, pero se ignora esta Real Expedición que sirvió para salvar la vida de miles de personas. Se calcula que unas doscientas cincuenta mil personas, en su gran mayoría niños, fueron vacunadas directamente por la Real Expedición y otro cuarto de millón de habitantes de Latinoamérica y Filipinas en los años que siguieron a la misma. Desgraciadamente, la odisea de los niños vacuníferos ha quedado diluida en la historia.

Para finalizar, nos quedamos con una cita de Edward Jenner, el descubridor de la vacuna, tras enterarse del éxito de la Expedición: «No me imagino que en los anales de la historia haya un ejemplo de filantropía tan noble y tan extenso como este».[23]

---

23 VVAA, *La expedición de Balmis el primer modelo de lucha global contra las pandemias* (Editorial Geoplaneta. 2022).

27. EXPLORANDO EL OESTE AMERICANO

Treinta y tres valerosos y aguerridos hombres protagonizaron una de las grandes gestas en el territorio americano: viajar desde Saint Louis, a orillas del río Mississippi, hasta la desembocadura del río Columbia en el océano Pacífico

A Thomas Jefferson (1743-1826) siempre le obsesionó la idea de conocer qué había en la vasta extensión de América del Norte situada entre el río Mississippi y la costa del Pacífico. Cuando en 1803 se convirtió en presidente de Estados Unidos, decidió satisfacer su curiosidad. A mediados de enero envió al Congreso un mensaje en el que les solicitaba dos mil quinientos dólares —una suma importante para la época— para financiar el proyecto.

Debido a que casi toda la región situada entre el Mississippi y las montañas Rocosas pertenecía en aquellos momentos a Francia, ordenó que la expedición, a la que falsamente calificó de científica, estuviese envuelta de un infranqueable secretismo.

Para encabezar la expedición Jefferson eligió a su amigo y secretario personal, el capitán Meriwether Lewis (1774-1809), que todavía no había cumplido la treintena. Además de ser una persona de acreditado valor, prudencia y salud, tenía un perfecto conocimiento de la botánica, de la historia natural, la mineralogía y la astronomía. En otras palabras, era la persona ideal para dirigir la empresa.

Lewis, entusiasmado, comenzó rápidamente a preparar la expedición, consultó a hombres de ciencia y cartógrafos y se pertrechó de instrumentos científicos y armas, además preparó un exigente botiquín, en el que había vendas, lancetas, jeringas, docenas de píldoras «curalotodo» y treinta medicamentos diferentes. El doctor Benjamin Rush, uno de los firmantes de la Declaración de Independencia de Estados Unidos, supervisó su preparación y aleccionó a Lewis en la extracción de balas y el alineamiento de huesos rotos.

Lewis, consciente de la responsabilidad de la expedición, decidió compartir el mando con su amigo William Clark (1770-1838), cuatro años mayor que él. La verdad es que fue un acierto, ya que el dúo se convirtió en una de las colaboraciones más exitosas de la historia de las exploraciones.

El 4 de julio de 1803 Lewis fue invitado a la Casa Blanca, donde se le encomendó el objeto de la misión: «... explorar el río Missouri y la principal de sus corrientes (...) que pueda ofrecer la comunicación acuática más directa y practicable a través de este continente, con fines comerciales».

El Cuerpo del Descubrimiento

Los exploradores debían levantar un mapa del territorio, apreciar la fertilidad de sus suelos hacer a diario observaciones meteorológicas —temperatura, vientos, lluvia—, buscar yacimientos minerales y, uno de los aspectos más importantes, reunir toda la información que fuera posible de los indios occidentales.

El presidente era un hombre eminentemente práctico, por ello ordenó a Lewis que escribiera todas sus observaciones por duplicado, una en papel corriente y otra en papel de abedul, que «era menos sensible a los efectos destructores de la humedad». En lo referente a los nativos fue tajante: «... habría que tratarlos de la manera más amistosa y conciliadora».[24]

Mientras se ultimaban los preparativos del viaje se produjo un hecho inesperado, Napoleón aceptó vender a los estadounidenses no solo Nueva Orleáns sino todo el territorio de Luisiana al completo. El precio, además, fue una verdadera

---

24 Steven Kroll, *Lewis and Clark. Explorers of the American West* (Editorial Holiday House. 1994).

ganga: quince millones de dólares, aproximadamente unos siete centavos de dólar por hectárea. Esta compra hizo que, de un plumazo, casi se duplicara la extensión de Estados Unidos y, lo más importante, que no fuese preciso fingir que la exploración de Lewis era de carácter científico.

A mediados de mayo de 1804 la expedición, compuesta por treinta y tres personas y bautizada como Cuerpo de Descubrimiento, partió de Saint Charles (Missouri) adentrándose en Luisiana. Pocos días después alcanzaron La Charette, el último poblado de hombres blancos que verían en dos largos años.

Exploraron el valle inferior del Missouri, al que definieron como «una tierra buena, rica y bien regada». Más adelante llegaron a las Grandes Llanuras, una extensión ilimitada cubierta de pastos de color esmeralda. Fue en esa zona donde tuvieron contacto por vez primera con los indios, a los que agasajaron con pólvora, whisky y medallas, así como «leche del gran padre», que era el eufemismo utilizado en la época para referirse al ron.

Llegan a la costa pacífica

En septiembre penetraron en la actual Dakota del sur, donde observaron incrédulos grandes «rebaños de búfalos —bisontes—, ciervos, alces y antílopes» que pastaban por todas partes. Tan solo dos meses después llegaron a la parte centro-occidental de Dakota del Norte, donde quedaron inmovilizados a consecuencia del hielo y tuvieron que esperar la llegada de la primavera. Para entonces ya habían navegado más de dos mil quinientos kilómetros por el Missouri y con una sola baja, la del sargento Charles Floyd a consecuencia de una apendicitis perforada, un contratiempo contra el que nada podían hacer.

En abril de 1805, el Cuerpo de Descubrimiento abandonó Fort Mandan, doce hombres regresaron a Saint Louis en una barca y una canoa con informes, mapas, cajas con especímenes, plantas desecadas, pieles y esqueletos; mientras que el resto prosiguió el viaje río arriba en seis canoas y dos piraguas.

Durante las semanas siguientes corrieron varios peligros, el ataque de osos grises, una víbora cascabel estuvo a punto de morder a Clark y un búfalo enloquecido arrasó el campamento mientras dormían.

Finalmente alcanzaron las Montañas Rocosas, las cumbres donde se encontraban las fuentes del Missouri, con enormes dificultades consiguieron superarlas y llegar hasta Columbia, en busca del ansiado océano Pacífico. Sin embargo, pronto se sorprendieron al encontrar otra cadena montañosa —los Montes de las Cascadas— tras los cuales aparecieron exuberantes bosques, hasta que el 8 de noviembre de 1805 Clark escribió en su libro de notas: «¡Océano a la vista!». Lo habían conseguido. Se encontraban en aquellos momentos en la desembocadura del río Columbia.

El 23 de septiembre de 1806, Lewis y sus hombres regresaron a Saint Louis. Los expedicionarios del Cuerpo de Descubrimiento habían contemplado paisajes de ensueño en un recorrido de más de doce mil ochocientos kilómetros a través del oeste americano, no descubrieron la vía fluvial del Pacífico, pero a cambio demostraron que era posible cruzar el continente americano. Por cierto, la única baja de toda la expedición fue la del sargento Charles Floyd que ya hemos comentado.

Ninguna aventura por tierras desconocidas tuvo tanta influencia en el desarrollo de la nación como la expedición de Lewis y Clark. Y es que a pesar de que Estados Unidos apenas había cumplido treinta años de independencia ya ambicionaba con unir ambos continentes bajo una misma bandera.

28. LA VUELTA AL MUNDO DE UN NATURALISTA

Sin duda alguna, el viaje de Charles Darwin a bordo del HMS Beagle ha sido el más determinante de la historia de las ciencias naturales
En sus inicios el HMS Beagle era un barco de guerra, aunque nunca participó en una batalla. Era un tipo de embarcación a la que los marineros apodaban «bergantín-ataúd» —un navío de clase Cherokee—. El nombre hacía alusión a que casi la cuarta parte de estas embarcaciones acabaron en el fondo del mar o inutilizados después de enfrentarse a las inclemencias del mar. A pesar de todo, el Beagle vivió para contarlo.

El Beagle, un bergantín de diez cañones, doscientas treinta y cinco toneladas de carga y con una capacidad para llevar en su panza una tripulación de ciento veinte hombres, realizó tres grandes travesías en su vida. La que nos interesa a nosotros es la segunda gran expedición, la que tuvo lugar entre los años 1831 y 1836, durante la cual se exploró la costa sudamericana y las islas Galápagos. Es sabido que a bordo iba un joven e intrépido naturalista, de tan solo veintidós años, llamado Charles Darwin (1809-1882).

La verdad es que nada parecía presagiar durante su adolescencia en qué llegaría a convertirse Darwin. Había perdido a su madre con tan solo ocho años y su padre —Robert Darwin—, molesto con sus mediocres calificaciones le auguró: «... de lo único que te preocupas es de andar dando gritos, de los perros y de cazar ratas y serás una desgracia para ti y para toda tu familia».[25]

Al principio probó suerte con la carrera de medicina, siguiendo los pasos de su padre, pero las disecciones anatómicas y el sufrimiento humano no iban con él. De la anatomía pasó al cuidado del alma, su padre le instó que se convirtiera en clérigo de la Iglesia anglicana. Por ese motivo Charles ingresó en la prestigiosa Universidad de Cambridge. Pero, en contra de todo pronóstico, prefirió las fiestas y el bullicio a las tediosas clases de teología y filosofía. Al parecer compaginó la lectura de las obras de Shakespeare, con la música y su incipiente colección entomológica.

Ni siquiera tuvo sueldo de becario

El primer viaje del Beagle fue comandado por un joven teniente de navío llamado Robert Fitz Roy, tuvo lugar en las gélidas y desoladas costas del cono sur del continente sudamericano.

La segunda expedición se antojaba mucho más ambiciosa, con ella se pretendía delinear mapas de navegación de la Patagonia y la Tierra de Fuego. Fue precisamente ese el motivo por el que Fitz Roy pidió al Almirantazgo que se uniera a la expedición un geólogo.

George Peacock (1791-1858), un matemático y astrónomo de Cambridge, fue el encargado de seleccionar al científico, el primero en ser propuesto fue el geólogo y botánico John S Henslow (1796-1861), pero su mujer no le dejó enrolarse; el siguiente fue su cuñado Leonard Jenyns, un clérigo naturalista, pero rechazó la oferta porque no estaba dispuesto a separarse de los feligreses. Fue entonces cuando Henslow pensó en Darwin.

El joven estuvo encantado con la propuesta, pero chocó con la rotunda negativa de su padre al que, por una parte, le parecía arriesgado y, por otra, lo alejaba de su propósito de que fuera clérigo. Charles consiguió finalmente convencerlo y

25 Janet Browne, *Charles Darwin: a biography* (Princeton University Press. 1996).

enrolarse sin remuneración. Fue su padre quien corrió con todos los gastos y le asignó un criado como ayudante.

La verdad es que aquel viaje era todo un reto para Darwin, puesto que no era un científico experimentado, recibió el puesto tras dos negativas de prestigiosos hombres de ciencia y, quizás lo más importante, nunca se había echado a la mar. Curiosamente, de esta forma, Darwin encontró su vocación.

El acontecimiento más importante de su vida

La primera impresión que se llevó Fitz Roy —que tenía un solo año más que Darwin— no pudo ser peor, la fisonomía de Darwin, concretamente su nariz, no era, a su juicio, la de un hombre con la energía y determinación necesaria para afrontar aquel viaje. El joven naturalista tenía una nariz demasiado grande y el capitán era un ferviente seguidor de las teorías de Johann K Lavater, un teólogo que defendía que la personalidad de una persona se puede medir a través de la fisonomía. Según él, una nariz prominente era un indicador infalible de debilidad. Afortunadamente para Charles y para la ciencia, su nariz se quedó en una mera anécdota.

El viaje duró exactamente mil setecientos treinta y nueve días, tiempo durante el cual atracaron en Cabo Verde, Brasil, Argentina, Uruguay, Chile, las islas Galápagos, Tahití, Nueva Zelanda, Australia, isla Mauricio o Sudáfrica. En algunas ocasiones las escalas duraron apenas unos días, pero en otras se prolongaron durante meses, tiempo en el cual observaron la fauna, la flora y recopilaron fósiles. Todo ello fue pulcramente anotado en el *Diario del viaje de un naturalista alrededor del mundo*.

No deja de ser curioso que la primera escala estaba prevista en Tenerife, pero los isleños no les dejaron arribar porque pensaban que la tripulación podía portar el cólera y, por lo tanto, debían mantener una cuarentena de doce días. Por ese motivo se dirigieron a Cabo Verde, donde Darwin quedó maravillado por las llanuras volcánicas y observó impresionado el comportamiento de los pulpos.

Desde allí cruzaron el Atlántico fondeando en diferentes ciudades costeras hasta llegar a la Patagonia y a la Tierra del

Fuego, donde al naturalista le cautivó la asombrosa capacidad mímica para comunicarse que los indígenas habían desarrollado. A continuación, pusieron rumbo a las islas Galápagos, donde observaron que, aunque las especies eran parecidas, cada una de ellas tenían algo que las hacía diferentes. Allí el naturalista inglés encontró catorce subespecies diferentes de pinzones, que únicamente se distinguían por la forma de su pico.

Desde allí pusieron rumbo a Nueva Zelanda, donde arribaron a finales de diciembre, desde donde alcanzaron Tasmania y observaron la diversidad del coral. La ruta los llevaría hasta Ciudad del Cabo y, desde allí, en contra de lo que cabría esperar, no puso rumbo a Inglaterra, sino que volvió a cruzar el Océano Atlántico hasta la bahía de los Santos, donde Darwin volvió a disfrutar de la selva brasileña. Finalmente arribaron en el puerto de Falmouth el 2 de octubre de 1836. El naturalista nunca más volvería a salir de Inglaterra.

Fue mucho tiempo después, en 1859, cuando Darwin publicó *El origen de las especies*, donde desarrolla la idea de la selección natural como motor del proceso evolutivo. Una teoría que le valió las críticas y las burlas de un elevado número de científicos.

La vida a bordo

La verdad es que nada más empezar Charles experimentó en sus propias carnes la dureza de la navegación, sufría terribles mareos que le impedían mantenerse en pie. Las primeras semanas de travesía las pasó en su camarote tumbado en la hamaca, masticando el único alimento que toleraba, las uvas pasas.

El espacio que disponía era sumamente reducido, apenas un minúsculo cuarto de mapas situado en la cubierta delantera de popa, lo cual le obligaba a mantener un riguroso método de trabajo y un orden extremo.

En septiembre de 1831, Darwin escribió a su hermana Susan: «... el barco es realmente pequeño, con tres mástiles y diez cañones, pero todos dicen que es lo mejor para nuestro trabajo y dentro de su clase es un excelente navío». Y es que por aquel entonces era célebre un aforismo de Samuel Johnson que rezaba: «... un barco es peor que la cárcel. En una cárcel hay un aire más sano, una mejor compañía, todo es más conveniente y un barco tiene la desventaja adicional del peligro latente».[26]

El bergantín continuó, sin Darwin a bordo, navegando. De 1837 a 1843 realizó otra expedición científica, en esta ocasión el objetivo era explorar las costas australianas. Finalmente, terminó sus días como buque guardacostas luchando contra el contrabando en la costa de Essex. En 1870 fue desguazado.

26 Janet Browne, *Charles Darwin: a biography* (Princeton University Press. 1996).

29. DE COSTA A COSTA EN UN CABALLO DE HIERRO

Las vías de ferrocarril hicieron posible viajar en un vagón de tren desde Nueva York a San Francisco en tan solo una semana

La costa este fue el primer lugar donde se asentaron los colonos europeos en América del Norte, esa zona fue el corazón de la independencia de los Estados Unidos. A pesar de todo el siglo XIX, no fue fácil para los colonos allí instalados, fueron tiempos inciertos en los que había un extenso territorio no explorado. Para que nos hagamos una idea, en 1845 la frontera entre el territorio conocido y el lejano oeste se encontraba a la altura de Montana.

Fue la falta de trabajo y la superpoblación la que provocaron una migración masiva hacia aquella lejana región. La conquista del oeste —el salvaje Far West—, tierra de bisontes, tipis y pieles rojas, fue una oportunidad de mejora. Los colonos, deseosos de comenzar una nueva vida, fueron los protagonistas de un movimiento migratorio descontrolado.

Antes de la aparición del ferrocarril, aquellos inhóspitos lugres eran transitados únicamente por comerciantes de pieles, misionarios, expedicionarios militares y algunos osados viajeros. Era una ruta conocida como la Senda de Oregón, a lo largo de la cual —durante más de tres mil doscientos kilómetros polvorientos— se movían caravanas de hombres, mujeres y niños con el único anhelo de fundar nuevas granjas.

El mayor impulso de esta ruta se alcanzó entre 1843 y 1848, cuando la recorrieron las caravanas organizadas con cientos de colonos atraídos por la fiebre del oro de California. Se calcula que fueron más de cuatrocientas mil personas las que usaron esta famosa ruta histórica.

El Pony Express

En la prensa estadounidense de 1859 apareció publicado: «… se buscan jóvenes, delgados y resistentes menores de dieciocho años. Expertos jinetes dispuestos a arriesgar su vida diariamente. Preferiblemente huérfanos»[27]. Con este anuncio se buscaba completar la nómina del famoso Pony Express. Se necesitaban aguerridos jinetes capaces de recorrer praderas, planicies, montañas y desiertos para llevar mensajes de una forma rápida y segura.

Hay que tener en cuenta que entre las costas este y oeste de Estados Unidos hay una distancia de unos tres mil kilómetros. Esto explica que en 1845 un mensaje del presidente James K Polk tardase más de seis meses en llegar desde Washington hasta San Francisco.

Gracias al Pony Express —que estuvo operativo desde abril de 1860 hasta noviembre de 1861— el tiempo se redujo a tan solo diez días. Entre los jinetes más famosos del Pony Express está William F. Cody, el que tiempo después sería recordado como Buffalo Bill.

El esplendor del Pony Express pasó a formar parte del pasado y quedó aparcado en el rincón del recuerdo cuando apareció el primer telégrafo transcontinental y la primera vía férrea transcontinental.

El clavo de oro

Los menos osados, aquellos que no estaban dispuestos a perder su vida en una carreta tirada por caballos, también tenían la opción de viajar de costa a costa utilizando el istmo de Panamá.

---

27 Jim DeFelice, *West Like Lightning: the brief, legendary ride of the Pony Express* (Editorial William Morrow. 2018).

Todo esto cambió el 10 de mayo de 1869. Ese día tuvo lugar la célebre ceremonia Golden Spike —clavo de oro— en Promontory (Utah). Fue el broche de oro de una titánica labor de ingeniería desarrollada por la Union Pacific y la Central Pacific, las dos empresas que construyeron la línea ferroviaria, una hacia el oeste y otra hacia el este, respectivamente. Fue en ese punto geográfico donde la UP 119 y la Jupiter 60 —dos locomotoras de vapor— se encontraron en medio de una planicie desierta.

La empresa Union Pacific construyó mil setecientos cuarenta y nueve kilómetros de vía que comenzaba en Council Bluffs, continuaba hacia el oeste a través del río Misuri, cruzando Omaha, Grand Island, North Platte, Ogallala, Sidney, Julesburg, Cheyenne, Laramie, Green River, Evanston, Ogden, Brigham City y Corinne, hasta llegar a Promontory.

Por su parte, la empresa Central Pacific construyó mil ciento diez kilómetros de vía férrea que comenzaba en Sacramento (California) y seguía hacia el este por Newcastle, Truckee, Reno, Wadsworth, Winnemucca, Battle Mountain, Elko y Humboldt-Wells.

De todas formas, hay que tener presente que la primera vía de tren que unió los océanos Atlántico y Pacífico se construyese en Panamá y tenía sesenta kilómetros de trazado. Sucedió en el año 1855, tras cinco largos años de trabajo, y fue costeada por inversores estadounidenses. Los empresarios estaban deseosos de ahorrar tiempo para llevar sus mercancías desde Nueva York hasta California.

Miles de trabajadores chinos

Esta titánica labor fue gracias a más de veinte mil hombres, entre los que había trabajadores inmigrantes chinos, veteranos de guerra, esclavos liberados y pioneros mormones. Los cuales se merecen una mención especial, cuando empezó la construcción había una población asiática estable de unas cuarenta mil personas en California, que habían dejado sus pueblos natales atraídos por la fiebre del oro. Al principio, nadie contó con ellos para allanar el camino y horadar moles rocosas a base de dinamita y nitroglicerina. Sin embargo, la falta de mano de obra ante las bajas expectativas salariales hizo necesario reclutarlos.

Para que nos hagamos una idea de su papel, vaya por delante un dato, en enero de 1863, la Central Pacific contaba con veintiún trabajadores chinos, dos años más tarde representaban el noventa por ciento de la plantilla. Se estima que al final estuvieron empleados unos quince mil, de los cuales mil fallecieron. En su mayoría procedían de la zona de Guandong. Uno de los capataces de la compañía dejó escrito: «... son tranquilos, pacíficos, pacientes, laboriosos y económicos; listos y aptos para aprender los distintos tipos de trabajos requeridos. Pronto se vuelven tan eficientes como los blancos».[28]

A estas singularidades hay que añadir otra que no era baladí, sus salarios eran muy inferiores a los de los colonos, entre uno y tres dólares diarios, se alojaban en tiendas de campaña y su dieta era básicamente pescado, algas, champiñones y bambú seco, arroz, cerdo y pollo, y mucho té.

En el otoño de 1865, el desafío se volvió extremo, los chinos tuvieron que excavar hasta quince túneles para salvar Sierra Nevada. El sexto —llamado Summit, «cumbre»— resultó una verdadera pesadilla, ya que fue preciso perforar medio kilómetro de duro granito mediante voladuras, lo cual provocó avalanchas de nieve. Decenas de trabajadores asiáticos quedaron sepultados allí para siempre.

La empresa les llevó dos largos inviernos, pero antes de terminarla, aquellos peones infatigables, fueron a la huelga durante ocho días, posiblemente la mayor reivindicación laboral estadounidense hasta la fecha. Reclamaban jornadas más cortas, mejor trato, y lo más importante, la misma remuneración que los blancos. Los patronos no tuvieron más remedio que rendirse a sus exigencias.

---

28 Dee Brown, *Hear that lonesome whistle blow. The Epic Story of the Transcontinental Railroads* (Editorial Owl Books. 2001).

El «caballo de hierro» que acabó con las caravanas

Los trabajadores de las dos compañías colocaron las mil setecientas setenta y seis millas de vías por las que circuló el primer ferrocarril transcontinental norteamericano. Las vías del tren unieron Omaha con Sacramento, en la Costa Este de los Estados Unidos con California. Para ser honestos, cuando se ensartó el «clavo de oro», la red ferroviaria no conectaba todavía el Atlántico con el Pacífico, este hecho se produjo realmente tres años después.

Con ello, se ponía fin a un ambicioso plan que había puesto en marcha Abraham Lincoln en 1862, un año después de acceder a la presidencia del país. Un proyecto que, según los cálculos más aproximados, se cifró en más de mil millones de dólares actuales. Para hacerlo viable y atractivo, desde el punto de vista financiero, a las empresas se les concedió la propiedad de la tierra por la que pasaban sus traviesas, así como acres adyacentes para cualquier propósito que deseasen. Un beneficio que, a medio plazo, favoreció la especulación.

Gracias al primer ferrocarril transcontinental California, un punto aislado en el mapa, adquirió un relieve económico y político de primer orden. Y es que apenas una década después por aquellas vías se transportaban mercancías con un valor superior a cincuenta millones de dólares anuales. Desde la Costa Este viajaban productos manufacturados mientras que llegaban materias primas desde el Pacífico. El primer tren de carga que viajó hacia el este desde California llevaba una carga de té japonés.

Pero el comercio no fue lo único que propició el tren, con él se consiguió que el simple hecho de viajar fuese asequible. Se calcula que un viaje de diligencia, de una duración aproximada de seis semanas, a través de la geografía estadounidense costaba veinte mil dólares actuales, con la aparición del ferrocarril este precio se redujo hasta en un 85 % y se hacía en una semana escasa. Las caravanas de carromatos —*wagon trains*— quedaron arrinconadas para siempre. El 4 de junio de 1876, un tren llamado Transcontinental Express llegó a San Francisco procedente de Nueva York tras ochenta y tres horas y treinta y nueve minutos de viaje.

A pesar de todas estas bondades, el ferrocarril también tuvo, sin duda, su parte negativa, la cara B de la moneda, ya que supuso un altísimo coste para el medio ambiente, fue preciso talar una gran cantidad de árboles para construir las traviesas y las vigas que dieron soporte a túneles y puentes, y a lo largo de la vía férrea surgieron ciudades en lo que antes eran zonas salvajes.

El llamado «caballo de hierro» fue la mayor hazaña tecnológica estadounidense del siglo XIX, fue la punta de lanza que permitió que Estados Unidos quedase definitivamente unido. Algunos historiadores defienden que unir la costa este con la oeste fue el viaje a la Luna de Estados Unidos del siglo XIX.

En este momento todavía hay restos visibles de la primera línea de ferrocarril, cientos de kilómetros están todavía en servicio, en especial en las montañas de Sierra Nevada y en los cañones de Utah y Wyoming.

30. EL PRIMER EUROPEO QUE CRUZÓ ÁFRICA DE COSTA A COSTA

David Livingstone fue el más legendario, el más atípico y, sin duda, el menos presuntuoso de todos los exploradores africanos del siglo XIX

A primera hora de la tarde del 10 de noviembre de 1871, a orillas del lago Tanganika, Henry Morton Stanley, despojándose de su salacot y tendiendo la mano, saludó a un misionero con unas palabras que se harían legendarias: «El doctor Livingstone, supongo»[29]. La comicidad de aquel flemático saludo proviene que Livingstone era, probablemente, el único hombre blanco en mil kilómetros a la redonda.

David Livingstone (1813-1873) bien pudo ser un personaje sacado de alguna de las novelas de Charles Dickens. Nació en una residencia donde se alojaban los empleados de una fábrica textil, fue el segundo de siete hermanos y a los diez años ya trabajaba en aquella fábrica doce horas al día.

Gracias al tesón de su padre, un lector compulsivo, pudo ingresar en la escuela de medicina de la Universidad de Glasgow, labor que compaginó durante algún tiempo con su labor en la Sociedad Misionera en entrenamiento.

Una vez convertido en médico y teólogo, solicitó ser enviado a China, sin embargo, la Guerra del Opio que se desató en aquel país asiático truncó sus planes, por lo que no tuvo más remedio que aceptar una misión en Ciudad del Cabo, a cargo

---

29 David Livinsgtone, *Dr. Livinstone I presume* (Editorial Teach all nations. 2018).

del misionero escocés Robert Moffat. Allí debía ayudar en la labor de evangelización.

La relación entre ambos misioneros fue espléndida desde el primer momento, lo cual terminó cristalizando en lazos familiares, en el preciso instante en el que David se casó con Mary, la hija de Robert, con la cual tendría cuatro hijos.

Llegada a las cataratas Victoria

El escocés realizó una inmersión inmediata en su labor apostólica, aprendió la lengua, dialectos y costumbres de los nativos y se sensibilizó con la precariedad económica y social que asolaba la comunidad indígena.

Durante esta primera etapa en el continente africano, no limitó su labor únicamente a la conversión espiritual, sino que, debido a su preparación académica, también asistió a los nativos desde una esfera más física.

Fue entonces cuando Robert, su suegro, le convenció de que era la persona idónea para «ir hacia las vastas llanuras al norte de Bechuanaland, donde he vislumbrado el humo de miles de aldeas y donde ningún misionero ha estado jamás». Sin saberlo Moffat acababa de encender la espita de la curiosidad, una llama que ya nunca se apagaría.

En 1849, ocho años después de su llegada y tras desplegar una intensa actividad misionera por toda la región, durante la cual sufrió numerosas desventuras como, por ejemplo, fue atacado por un león que le dejó secuelas irreparables en un brazo, Livingstone decidió adentrarse en tierras no exploradas por un europeo. En su viaje comprendió que el continente africano no era una enorme extensión arenosa y desértica, como se pensaba en Europa, sino que en realidad se trataba de un amplio y exuberante territorio, un «país de ríos y de árboles».

Poco a poco fue aparcando su labor evangelizadora para centrarse en su faceta exploradora. En 1849, junto a su compañero William Cotton Oswell, se convirtió en el primer europeo en cruzar el desierto de Kalahari. Dos años después llegó al río Zambeze, un hecho que marcaría para siempre su vida. Su fijación con este río se cimentaba en la posibilidad de abrir nuevas rutas para misioneros y comerciantes británicos, por eso era indispensable verificar sus posibilidades de navegabilidad.

En su segundo viaje, entre 1852 y 1854, logró conectar las ciudades de El Cabo y Luanda, en la colonia portuguesa de Angola, a través del Kalahari. Durante esta época inició un viaje desde el océano Atlántico hasta el Índico, durante el cual llegó a sus oídos la noticia de que existía un lugar al que los nativos consideraban mágico. Los lugareños lo conocían como «el humo que suena» y Livingstone no escatimó en esfuerzos para encontrarlo.

Y es que su curiosidad le llevó a uno de los parajes más hermosos de la tierra, un regalo de la naturaleza: la mayor cortina de agua del mundo. Se estima que en la época de mayor caudal caen más de quinientos millones de litros de agua por minuto. Unas cataratas a las que no dudó en rebautizar con el nombre de Victoria, en claro homenaje a la reina de Inglaterra. Se cuenta que el explorador sobrecogido exclamó: «… los ángeles tienen que detener su vuelo para ver un espectáculo como este». Corría el año 1855.

Livingstone se convierte en un héroe

Aquella expedición terminó en 1856, cuando Livingstone llegó a la desembocadura del río Zambeze en el océano Índico, convirtiéndose, de esta forma, en el primer europeo en atravesar el continente africano de oeste a este en aquellas latitudes. Hasta la fecha todos los intentos habían fracasado, fundamentalmente a causa de las enfermedades —malaria, enfermedad del sueño, disentería—, de la oposición de los pueblos indígenas y de la imposibilidad de utilizar animales de tiro dado la accidentada orografía.

Muy poco tiempo después, interrumpió su labor exploradora, viajó hasta Inglaterra en busca de ayuda económica para un proyecto que le permitiera editar un libro en el que se recogiera sus expediciones y aprovechó para dimitir de la sociedad misionera a la que pertenecía.

Después de quince años de ausencia «en las islas», fue recibido como lo que era, un héroe nacional. La Royal Geographical

Society le concedió su Medalla de Oro y pasó gran parte del tiempo recorriendo como conferenciante en las principales universidades. El propio Livingstone, abrumado por la expectación que causaba en la sociedad inglesa, señaló: «es como si hubiera ido a Marte y hubiera estado con alienígenas».[30]

Mientras tanto publicó su famoso *Viajes e investigaciones de un misionero*, una obra de un valor incalculable, ya no solo por el torrente de datos cartográficos que proporciona y que tanto gustaban a la Inglaterra victoriana, sino también porque daba testimonio del inmisericorde comercio de esclavos, de la hambruna y de las enfermedades que asolaban ese inmenso continente.

Livingstone tuvo tiempo, además, para ser recibido por la reina Victoria (1819-1901). Un periódico de la época relataba así el encuentro: «… el doctor Livingstone dijo a su Majestad que ahora podría comunicar a los nativos que había visto a su jefe; el que no lo hubiera hecho, era motivo de constante sorpresa entre los niños de la salvaje África, que tenían la costumbre de preguntar si su jefe era rico. Cuando les aseguraba que era muy rico, preguntaban cuántas vacas tenía, ante lo que la reina se echó a reír de buena gana».[31]

Expedición al río Zambeze

En 1858, ya estaba nuevamente en suelo africano, durante los cinco años siguientes se dedicó en cuerpo y alma a explorar la zona geográfica comprendida entre el lago Nyassa, actualmente conocido como Malui, entre Mozambique y Tanzania, y el río Zambeze.

Este río nace en Zambia y recorre dos mil seiscientos kilómentros hasta su desembocadura en el Índico. Sus expediciones le permitieron constatar que desde los rápidos de Kabrabasa el lecho de agua se hacía absolutamente innavegable debido a la presencia de gargantas rocosas, insalvables cataratas y fuertes

---

30 David Livinsgtone, *Dr. Livinstone I presume* (Editorial Teach all nations. 2018)
31 Mathilde Leduc-Grimadi, *Finding Dr. Livingstone: a history in documents from the Henry Morton Stanely Archives* (Ohio University Press. 2020).

rápidos. Fue una expedición durísima, complicada por la presencia de los poderosos comerciantes de esclavos, continuas invasiones del territorio por parte de los bóers holandeses, que robaban tierras y ganado a los indígenas, matando a muchos de ellos y vendiendo como esclavos a muchos otros. Mientras tanto, los expedicionarios eran azotados por la fiebre, no en balde fallecieron tanto su hermano Charles como su esposa Mary a consecuencia de la disentería.

A comienzos de 1862, Livingstone se vio obligado a regresar a la costa para construir un barco de vapor que le permitiera navegar por el río. A pesar de todo, con el barco únicamente pudo acceder hasta el río Ruvuma, donde la mayoría de los exploradores desertaron o fallecieron. Esto motivó fuertes críticas desde Inglaterra, hasta donde tuvo que regresar nuevamente para dar rendir cuentas, ya que su liderazgo quedaba en entredicho y temía no poder conseguir más fondos que le permitieran continuar su exploración africana.

Dos años después, tras denunciar la esclavitud de los africanos y publicar nuevos textos sobre sus descubrimientos, regresó nuevamente al continente que tanto le había enseñado, en esta ocasión lo hizo con financiación privada.

Livingstone albergaba la idea de poder encontrar el nacimiento del río Nilo, para ello comenzó la expedición en la isla de Zanzíbar, desde donde se trasladó a la zona continental. Fue el primer europeo en llegar a los lagos Bangweuly y Moero, junto con el río Lualaba. El viaje tuvo más de un sinsabor, algunos de sus compañeros le robaron, otros le abandonaron y durante tres largos años estuvo desaparecido. Nadie conocía su paradero, era como si África le hubiese engullido.

Fue entonces cuando el *New York Herald* envió a un periodista galés —Henry Morton Stanley— con la misión de encontrarle. Tras un largo periplo siguiendo las más diversas pistas, pudo dar con Livingstone en Ujiji, a orillas del lago Tanganika.

Allí se produjo el encuentro entre el afamado explorador —de cincuenta y ocho años— y el joven periodista —de treinta años—. Ambos pasaron tres meses juntos, explorando la mitad norte del lago Tanganika, intentando encontrar la existencia de algún río que surgiera del lago y pudiera ser afluente del Nilo. De la lectura de sus diarios se deduce la buena sintonía que surgió en aquella pareja.

Stanley regresó a Estados Unidos fascinado por el carisma y la sensibilidad del explorador escocés, tanto le impactó el encuentro que tan solo tres años más tarde —en 1874— Stanley regresaría nuevamente a África con una expedición propia, financiada conjuntamente por dos diarios de enorme tirada, el británico *Daily Telegraph* y el estadounidense *New York Herald*.

Sus restos descansan en dos continentes

Fueron más de treinta años los que Livingstone pasó en África, tres largas décadas durante las cuales recorrió unos cincuenta mil kilómetros, sobrevivió a las enfermedades, luchó contra la esclavitud y descubrió regiones ignotas. Todo ello contribuyó a forjar su leyenda.

Su corazón se detuvo el 1 de mayo de 1873, en la aldea de Chitambo, a orillas del lago Bangweulu (Zambia). Sus dos fieles servidores —Abdullah Susi y James Chuma—, con los que había compartido sus últimos años de vida, enterraron su corazón bajo un árbol, embalsamaron el cadáver y durante cientos de kilómetros lo transportaron por selvas y sabanas hasta entregárselo a las autoridades británicas en Bagamoyo, en la costa índica. Gracias a ese último viaje actualmente su cuerpo descansa en la abadía de Westminster.

Terminamos recordando una de sus frases más célebres: «... decidí no parar nunca hasta llegar al final y cumplir con mi propósito».[32] Nadie duda que lo consiguiera.

---

32 David Livinsgtone, *Dr. Livinstone I presume* (Editorial Teach all nations. 2018)

31. MUCHO MÁS QUE UNA NOVELA DE AVENTURAS

Verne juega con el binomio espacio-tiempo a lo largo de todo el viaje

Según una encuesta realizada por *Amadeus* a un total de trescientos agentes de viajes de toda España, *La vuelta al mundo en ochenta días* es la mejor narración de viajes de la historia. Es una novela del escritor francés Jules Verne (1828-1905) que durante 1872 se publicó por entregas, el mismo año en el que se sitúa la acción, y de manera íntegra al año siguiente.

Su argumento es sobradamente conocido por todos, un adinerado inglés —Phileas Fogg—, en compañía de su mayordomo francés, da la vuelta al mundo, como fruto de una apuesta con sus compañeros del Reform Club, para demostrar que gracias a los avances tecnológicos es posible realizar este arriesgado viaje en un plazo de ochenta días. El hilo narrativo no es simplemente una guía turística a través del mapamundi, es mucho más que eso, se trata de un recorrido en torno a la geografía moral, a los estereotipos raciales, al progreso y a los tópicos nacionales.

Lo primero que llama la atención es su título, lleva implícito la dualidad física: el espacio —el mundo— y el tiempo —ochenta días—. No en balde, la novela arranca alrededor de un concepto espacial, en una apasionada conversación que mantienen los personajes en el Reform Club se afirma: «la tierra ha menguado, puesto que la recorremos ahora diez veces más rápido que hace cien años». El planeta Tierra se estaba quedando pequeño en aquellos momentos.

Un inglés y un francés

En el momento de la aparición del libro, acababan de derrotar s los galos en la guerra franco-prusiana (1870-1871). Tras cuatro meses de duro sitio de la capital parisina, el gobierno francés no tuvo más remedio que negociar un desfavorable armisticio en Versalles frente al todopoderoso Otto von Bismarck. Pocos meses después, se ratificó el acuerdo con el tratado de Fráncfort, según el cual Francia cedía a Alemania el norte de Lorena, Alsacia y parte de los Vosgos; se comprometía, además, a pagar cinco mil millones de francos oro en tres años y a reconocer a Guillermo I de Prusia como emperador alemán. Esto suponía un cambio en el orden político europeo.

Optar por un inglés y un francés como protagonistas no fue fortuito. Francia e Inglaterra eran dos naciones rivales desde tiempos remotos, pero la hegemonía prusiana las obligaba a llegar a un entendimiento cordial a corto plazo. Los nombres de los protagonistas tampoco fueron casuales, como tampoco lo eran sus personalidades, ni su relación. Phileas Fogg —en inglés «fog» significa niebla— es un excéntrico gentleman que contrata al joven francés Jean Passepartout —literalmente «pasa por todos los sitios»— como su dócil criado. Los numerosos contratiempos y peligros que corren ambos durante las semanas que dura el viaje, afianzan su relación, pero sin sobrepasar la línea roja de la cordial amistad. Sus personalidades son complementarias y representan los estereotipos de la época: el inglés es flemático, metódico y obsesionado por la puntualidad; por su parte el francés adolece de impulsividad, lealtad y audacia.

Todo comienza en Londres

La novela tiene como escenario inicial y final la ciudad de Londres. Su elección obedece a que en 1872 la capital inglesa era la mayor metrópoli del mundo y la capital del primer imperio mundial. La *city* alojaba a la sede del banco de Inglaterra y la bolsa financiera más importante del momento.

El señor Fogg pertenece al Reform Club, uno de los Clubs de Caballeros más prestigiosos de la ciudad en aquellos momentos. Además de ser un lugar de reunión, también poseía un enorme comedor y habitaciones para los socios. Fue fundado en 1836 por un rico empresario londinense, Sir Charles Barry. Se encontraba ubicado en el lado sur de la calle Pall Mall, número 104.

El mundo estaba asistiendo a la extensión universal del capitalismo europeo y esto se refleja en la novela. Es fácil identificar los símbolos parlantes del capitalismo en la estructura narrativa: el robo de los lingotes de oro, la fortuna de Fogg, la apuesta y la bolsa con veinte mil libras esterlinas. Además, Verne introduce un concepto fascinante, el riesgo financiero: «…tengo veinte mil libras depositadas en la casa Hermano Baring. Las arriesgaría con gusto…».[33]

Por otra parte, el escritor francés sorprende a los lectores de la época haciendo que sus personajes den la vuelta al mundo «al revés». Hay que tener presente que hasta el momento las circunnavegaciones clásicas —Elcano y Drake— se habían realizado vía Atlántica y el mismo año en que se produce el viaje de Fogg se había realizado la gran primera campaña oceanográfica mundial —la expedición Challeger— en el mismo sentido. Un equipo de científicos a bordo de la corbeta británica HMS Challenger navegó durante setecientos veintisiete días iniciando la navegación hacia el Océano Atlántico.

De París al Canal de Suez

En 1871, un gobierno insurreccional gobernó París durante sesenta días, instaurando un proyecto político próximo al anarquismo o al comunismo y al que se denominó «comuna». El término francés «commune» se emplea en el país galo para designar al ayuntamiento. Entre las medidas que decretó este gobierno destacaron: la creación de guarderías para los hijos de las obreras, la laicidad del Estado, la abolición de los intereses de las deudas y la autogestión de las fábricas abandonadas por sus dueños. Unas medidas sin precedentes.

---

33 Julio Verne, *La vuelta al mundo en 80 días* (Editorial RBA editores. 2018).

La prensa de la época denominó a la comuna francesa metafóricamente como «el incendio de París» y a los comuneros se les conoció como «los petroleros», en relación al combustible que empleaban en sus acciones. No es casual que en el *curriculum vitae* de Passepartout figurase haber trabajo como bombero en París y que hubiese «apagado incendios notables». El autor quiere desligar a su personaje de forma explícita del anarquismo francés.

Tan solo tres años después de que se iniciase el viaje de nuestros protagonistas se inauguró con enorme pompa y boato, y al son de la música de Verdi, el canal de Suez. Representaba la victoria de la tecnología sobre la naturaleza, era el emblema del espíritu moderno. El proyecto había sido realizado por el ingeniero francés Ferdinand Marie Lesseps —amigo de Verne— y se había llevado a cabo con capital francés, ante la mirada desaprobadora del gobierno británico.

Con esta faraónica obra de ingeniería se conectaba de forma fluida el mar Mediterráneo con el Océano Índico, lo que conllevaba una unión, no solo económica, sino también cultural. Desde el punto de vista geopolítico, el país del Nilo estaba a punto de entrar a formar parte de la órbita de influencia francesa.

En contra de lo que se pudiera pensar *a priori*, Egipto apenas tiene interés en la narración, esto obedece a que en aquel momento Europa concedía poca atención al continente africano. En la novela el señor Fogg muestra un total desinterés por esta escala y por descender del barco.

Rumbo a la India

En 1599 se había fundado la Compañía Británica de las Indias Orientales con el propósito de terminar con el monopolio que ejercían las compañías holandesas sobre el comercio de las especias. Para facilitar el comercio con la India los ingleses contaban con una serie de enclaves estratégicos —Gibraltar, Malta y Adén—. A bordo del Mongolia nuestros protagonistas surcan la bahía de Adén, rumbo a Bombay.

La India es un escenario dual, por una parte, es el reflejo del dominio colonial británico, en vísperas del imperialismo, por otra parte, representa el fanatismo y la violencia. Hay que tener en cuenta que tan solo un año antes se había publicado *El origen de las especies* de Charles Darwin, sobre la teoría de la evolución. De alguna forma la publicación venía a avalar algo que yacía en la mente colectiva, la superioridad de la raza blanca sobre el resto de las razas. Hay una serie de virtudes que se atribuyen por naturaleza al hombre blanco, como son el ingenio, la valentía y la diligencia. Los hindúes, por su parte, se presentan como un pueblo supersticioso, fanático y violento, que necesita la mano del hombre blanco.

Verne plantea en la novela dos problemas que ponen de manifiesto el fanatismo hindú, por una parte, el religioso, cuando Passepartout incurre en la ira de los brahmanes por entrar calzado en una pagoda, por otra el sutty o sati de Aouda, una joven viuda que va a ser sacrificada junto a su difunto esposo. Nuestros protagonistas, aún a riesgo de perder sus vidas, consiguen salvar a Aouda gracias a que Passepartout se hace pasar por el fantasma del difunto.

El sati tiene sus orígenes en la mitología hindú y tenemos constancia que su práctica se inició en torno al siglo v a. C., se cuenta incluso que el ejército de Alejandro Magno fue testigo de alguno de ellos. Supuestamente era una práctica totalmente voluntaria, pero la realidad era muy diferente, ya que la tradición cultural, la presión psicológica de la familia política y la influencia social pesaban mucho en la toma de la decisión final. En 1829 las autoridades coloniales británicas declararon ilegal este tipo de sacrificios «voluntarios».

La siguiente escala es Singapur, colonia británica desde hacía tan solo cinco años, la llave de los mares de China. Desde aquí parten hacia China, donde Verne vuelve a jugar con los estereotipos. En la gran civilización asiática nuestros héroes tienen ocasión de comprobar los efectos del opio: «se fuma opio en todos sitios y en todo momento en el Imperio del Centro. Hombres y mujeres se entregan a esta pasión deplorable, y cuando se acostumbran a esta inhalación, ya no pueden pasar sin ella…».[34]

Fueron las guerras relacionadas con esta planta narcótica, en las cuales el Reino Unido venció a China, el motivo por el cual Hong Kong entró a formar parte del colonialismo inglés en 1842.

Es precisamente por culpa del opio por lo que el mayordomo francés, engañado por un policía británico, se separa de su patrón y embarca en solitario para Japón, la siguiente escala.

Cuando llegan al archipiélago nipón tan solo hace cuatro años que había comenzado la era Meiji, según la cual quedaban abolidos los privilegios de los samuráis y se permitía a la población la posibilidad de tener un apellido. Hasta ese momento era un privilegio del que tan solo disfrutaba la aristocracia, la gente de a pie llevaba el nombre de su profesión.

Estados Unidos: de costa a costa

Nos encontramos en un punto clave de la narración, Verne separa la civilización —Estados Unidos y Europa— de las tierras dominadas —Asia—. El señor Fogg tranquiliza a la princesa Aouda diciéndole que a partir de ese momento «entran en las regiones civilizadas». Lo que en esos momentos no sabe el lector es que al cruzar el meridiano 180°, los protagonistas acaban de ganar un día al viaje, lo cual será decisivo para la consecución del proyecto.

Estados Unidos se presenta en la novela como un continente joven similar a Europa. En San Francisco, Passepartout llega a afirmar que «no le parecía que hubiera abandonado Inglaterra».[35]

Como hemos visto, uno de los grandes logros de la presidencia de Abraham Lincoln fue la construcción del primer ferrocarril transcontinental de los Estados Unidos, que unía la costa Este con California, en la costa pacífica.

---

34 Julio Verne, *La vuelta al mundo en 80 días* (Editorial RBA editores. 2018).
35 *Ibid*

El ferrocarril era el orgullo de la modernidad y reflejaba la dominación del hombre frente a la naturaleza, los animales y los salvajes americanos. Nuevamente, como había pasado con los hindúes, los indios norteamericanos se consideran inferiores en al hombre blanco. Cuando ellos atraviesan el continente americano, la Unión se encuentra sumergida bajo la presidencia del general Grant (1869-1877).

Después de múltiples peripecias conseguen llegar a Nueva York, donde toman un barco de vapor –Henriette— con destino a Burdeos. Hay que tener en cuenta que hacia 1870 la ruta del Atlántico era una de las más transitadas a nivel mundial, debido al floreciente tráfico comercial.

Un contratiempo juega a favor de los protagonistas y el barco modifica su rumbo, finalmente atracan en Liverpool, donde detienen al señor Fogg, acusado del robo del banco de Inglaterra, una fatalidad que pone en jaque la consecución del proyecto. El *gentleman* pasa la noche encerrado en la aduana, aguardando su traslado definitivo a Londres.

Los lectores no tardarán en saber que todo ha sido un error y que el verdadero ladrón ya ha sido apresado. El problema es que la adversidad provoca que los protagonistas pierdan el tren con destino a Londres. Fogg necesita recorrer la distancia que separa las dos ciudades en cinco horas y media. Cuando al fin llegan a la estación londinense, todos los relojes señalaban las nueve menos diez. ¡Phileas Fogg, después de haber dado la vuelta al mundo, llega con un retraso de cinco minutos!

Si el inicio del libro era una alegoría al espacio, los capítulos finales lo son del tiempo, el cual puede llegar a marcar la diferencia entre la fortuna y la miseria. En los últimos años se han producido cambios notables, impensables hace apenas unas décadas, como la aparición de los cables oceánicos (1871) o el teléfono (1876). Un nuevo vocablo inunda las conversaciones de los europeos: «inmediatez».

Verne tiene un as en la manga, Fogg le había ganado veinticuatro horas al sol al viajar en dirección este, ha llegado con la antelación suficiente a Londres como para ganar la apuesta. Habían salido el 2 de octubre de 1872 a las 8:45 p. m. y habían regresado realmente el 20 de diciembre a las 8:50 p. m. —no el 21 de diciembre como creyeron inicialmente—, es decir, setenta y nueve días después de su partida. Esto se debe a que si se viaja hacia el este, a medida que se completa un grado de la circunferencia terrestre, se adelantan cuatro minutos, y como el giro completo de la circunferencia terrestre son 360°, el resultado final son mil cuatrocientos cuarenta minutos, o lo que es lo mismo, veinticuatro horas.

Para finalizar, dos curiosidades: en 1871, un año antes del inicio del viaje, nacía en París el escritor Marcel Proust, gracias al cual supimos que toda una vida se puede resumir en el tiempo en el que tarda una persona en degustar una magdalena mojada en té. En 1905, el año del fallecimiento de Verne, un científico alemán publicó su Teoría de la Relatividad. A través de la cual, el escritor francés, hubiera conocido el nuevo concepto del tiempo.

32. LA VUELTA AL MUNDO EN…
SETENTA Y DOS DÍAS

Una reportera norteamericana, pionera en el periodismo de investigación, enseñó al mundo que las mujeres también pueden viajar solas e, incluso, que lo hacen mejor

Tan solo dieciséis años después de la publicación de la novela de Verne una joven reportera estadounidense, que respondía al pseudónimo de Nellie Bly, quiso, no solo emular la hazaña de Phileas Fogg, sino pulverizarla, ya que la rebajó algunos días.

El verdadero nombre de la intrépida periodista era Elizabeth Jane Cochran, había nacido en Pensilvania en 1864 y comenzó a trabajar desde muy joven en un periodico local —*Pittsburgh Dispatch*— desde el cual pasó a formar parte de la plantilla del diario sensacionalista *The New York World*, de Joseph Pulitzer, el creador de los famosos premios. Al parecer cuando abandonó su primer empleo escribió a su jefe un escueto mensaje: «Estimado Q.O.: me voy a Nueva York. Esté atento. Bly».

Una periodista con carácter

En aquella época era bastante habitual que las mujeres firmasen sus artículos con un pseudónimo y Nellie Bly rememoraba a un personaje de uno de los temas musicales de Stephen Foster (1826-1864), el autor de la canción *¡Oh! Susanna*.

Nuestra protagonista fue una mujer que no se amilanó ante las dificultades. Firmó con crudeza artículos en los que denunciaba la situación en la que se encontraban las mujeres en las fábricas y la vulnerabilidad a la que se enfrentaban tras un divorcio. En el *New York World*, llegó incluso a tener su propia línea de periodismo de investigación, es más, alcanzó cierta notoriedad tras infiltrarse en un psiquiátrico neoyorkino, durante diez días, haciéndose pasar por una enferma mental, con la única finalidad de investigar las condiciones infrahumanas a las que estaban sometidas las internas.

En 1888, intentó convencer al director del *World* para que la enviara como reportera a dar la vuelta al mundo. Al principio todo fueron negativas, ya que en aquellos tiempos era impensable que una mujer viajase sola, por lo que la respuesta del editor no pudo ser más categórica: «… una mujer necesitaría un protector y solo un hombre podría hacerlo».

En contra de todo pronóstico, Nellie se plantó ante Pulitzer y le retó a que enviara a un hombre, porque «yo saldré el mismo día que él, lo adelantaré y escribiré la historia para otro periódico»[36]. Aquella osadía fue decisiva para convencer al conservador director del rotativo de que debía enviarla a dar la vuelta al mundo. Sería la primera mujer en hacerlo y aquello supondría la venta de muchos ejemplares de periódicos.

Nellie se puso a trabajar en cuerpo y alma en el proyecto y pocas semanas después ya tenía trazado el itinerario del viaje. El pistoletazo de salida se produjo en Nueva York el jueves 14 de noviembre de 1889 —a las 9:40 a. m. —, a la joven periodista la esperaban 24.889 millas por delante.

Bly, henchida de orgullo, acudió al muelle de la Hamburg American Line con una pequeña maleta —sus dimensiones eran de 41 x 18 cm— con muy pocas prendas en su interior, pero eso sí, llevaba abundante papel y lápiz con el que pretendía escribir su crónica que, por cierto, se acabaría convirtiendo en un libro. Según contó al regreso nunca se cambió de zapatos ni de vestido en todo el viaje, aunque en varias escalas dispuso del tiempo suficiente y del espacio para poder lavar su ropa.

En contra de las recomendaciones de sus colegas la periodista no llevó ningún arma de fuego consigo con la que

36 Charles Fredeen, *Nellie Bly: daredevil reporter* (Editorial Lerner Pub Group. 1999).

poder protegerse en caso de peligro. «Me negué a armarme», escribió tiempo después.

Un periódico neoyorkino de la competencia —*Cosmopolitan*— también patrocinó a su propia reportera, Elizabeth Bisland, saldría el mismo día, pero en sentido contrario y su objetivo era doble, vencer al personaje de Verne y, por supuesto, a la propia Nellie Bly.

De Nueva York a Colombo

Tras seis duras jornadas de viaje y bordo del Augusta Victoria, el barco más rápido del momento, Nellie llegó a Southampton. La primeriza viajera, de tan solo veinticinco años, permaneció gran parte del tiempo en su camarote, tumbada y vomitando.

Desde allí tomó un tren que la llevó a la capital inglesa, el punto de partida de un barco que, atravesando el Canal de la Mancha, la transportaría al continente europeo, a Calais. Llegó con el tiempo justo para coger un tren con destino a París. Eso sí, antes hizo una pequeña parada en Amiens, en la estación la esperaban Jules Verne y su esposa.

Pasaron algunas horas juntos, charlando del viaje y de los riesgos que conllevaba. Al parecer el escritor galo, un tanto escéptico, se despidió de ella diciéndole: «señorita, si es usted capaz de hacerlo en setenta y nueve días, yo la felicitaré públicamente». Ella recordaría con cariño aquel encuentro: «los brillantes ojos de Jules Verne me miraron con interés y amabilidad».[37]

Bly salió de la casa de los Verne en medio de la noche para tomar un tren que partía a la 1:30 a. m., con el cual llegaría finalmente hasta Brindisi, en el sur de Italia. Allí, a orillas de Adriático, embarcó en un barco de vapor —Victoria— con el que cruzó el Mediterráneo, hasta alcanzar Port Said (Egipto).

Allí comenzó su travesía por el Canal de Suez, que apenas llevaba operativo dos décadas. Al parecer en este trayecto algunos compañeros de cubierta se acercaron a ella con actitud paternalista y la confundieron con una excéntrica heredera

---

37 Charles Fredeen, *Nellie Bly: daredevil reporter* (Editorial Lerner Pub Group. 1999).

americana. Nellie atravesó el mar Rojo, el mar de Arabia y llegó hasta el puerto de Adén, en el actual Yemen, desde donde puso rumbo a Colombo, capital de Ceilán, la actual Sri Lanka. Llegó hasta allí a golpe de voluntad, superando mareos y algún que otro contratiempo.

Esta ruta, evidentemente era diferente a la que había realizado Phileas Fogg, y es que la reportera quiso evitar por todos los medios cruzar la India en tren y, más aún, realizar algún trayecto a lomos de un elefante.

Mientras todas estas etapas tenían lugar, el *World* exprimía al máximo la historia consiguiendo que cientos de lectores se enganchasen a los artículos de Bly, llegaron incluso a abrir un concurso en el que se sorteaba un viaje a Europa entre aquellos que adivinasen exactamente cuánto duraría el viaje de Bly. En una de sus ediciones el editor puso en blanco sobre negro el siguiente titular: «Nuestra intrépida reportera viaja sin la protección de un hombre».

De Colombo a Nueva York

Desde Colombo, Nellie se dirigió a Singapur, atravesó el estrecho de Malaca e hizo escala en Penang. En medio de una violenta tormenta de monzones, consiguió alcanzar Hong Kong, donde se alojó en el Hotel Craigieburn. Fue precisamente en esta ciudad donde tuvo por vez primera noticia de las aspiraciones de la periodista de *Cosmopolitan*.

Desde Hong Kong se dirigió a Yokohama, ciudad a la que también arribó el personaje de Verne. En su crónica relata cómo en el país del Sol naciente le sorprendieron dos cosas, las geishas y el silencio de los japoneses.

La travesía entre Japón y San Francisco la realizó en el Oceanic de White Star Line, pisó suelo estadounidense el 21 de enero, un día antes de lo previsto. Desde allí alcanzó la costa este utilizando exclusivamente el tren como medio de transporte. De esta forma, Nellie alcanzó su meta en un tiempo record, lo hizo en setenta y dos días, seis horas y once minutos, ocho días menos que el personaje de Verne.

En cualquier caso, la aventura benefició a Verne, ya que su novela volvió a convertirse en un *bestseller* con más de diez nuevas ediciones. En 1895, Bly se casó con un millonario —Robert Seaman— cuarenta años mayor que ella, abandonó la escritura y se convirtió en empresaria. Sin embargo, tras la muerte de su esposo el negocio entró en quiebra y no tuvo más remedio que volver al periodismo. Fue precisamente esa la razón por la que durante un tiempo estuvo informando de lo que acontecía en el frente de la Primera Guerra Mundial.

Nellie, la mujer que desafió estigmas, prejuicios y convencionalismos, falleció en 1922 —hace ahora cien años— a causa de una neumonía.

Pero, ¿qué sucedió con su competidora? Cuando Nellie llegó a Nueva York y dio por terminada su hazaña, Elizabeth Bisland todavía se encontraba en mitad del océano Atlántico. Llegó cuatro días más tarde, lo cual tampoco deja de ser una proeza ya que también pulverizó el record de mister Fogg. Curiosamente ambas aventureras descansan actualmente en el mismo cementerio de Nueva York, en el Woodlawn Cemetery.

33. LA BÚSQUEDA DEL PASO DEL NOROESTE

Ni españoles, ni portugueses, ni franceses, ni ingleses, fue un noruego el primero en encontrarlo, con una exigua tripulación

En los mapas del geógrafo Claudio Ptolomeo, no existe nada más allá de la isla de Thule, a seis días de navegación desde el norte de Gran Bretaña. No hay ni tierra ni océanos, simplemente, el mundo se acababa.

A lo largo del medioevo la imaginación de artistas, geógrafos y religiosos pobló el extremo norte del planeta en un lugar habitado por seres extraños en torno a los cuales surgieron multitud de leyendas. Para algunos el océano Ártico era el lugar donde las almas se purificaban antes de ascender a los cielos, para otros era la patria de los hiperbóreos, un término que significa en griego «más allá del norte». Para ellos era un pueblo que vivía en plena ociosidad disfrutando de la danza y la música.

Tierra de Esteban Gómez

Se conoce como Paso del Noroeste a una banquisa de hielo, de unos catorce millones de kilómetros cuadrados, que se encuentra en el océano Glacial Ártico. Durante siglos ha sido una masa compacta, pero a consecuencia del cambio climático hay unas dieciocho mil islas de hielo repartidas en una ruta de tres mil doscientas millas.

El interés por descubrir este paso comenzó el mismo día en el que Cristóbal Colón arribó a América y se intensificó en 1513 cuando Vasco Núñez de Balboa llegó al océano Pacífico, cuyo lejano horizonte indicaba el rumbo hacia las anheladas islas de las especias.

Carlos I, obsesionado por adelantarse a la Corona portuguesa, dispuso la salida de la flota de Magallanes, la cual abordó el fatigoso periplo hacia las Indias por el cono sur. La nao San Antonio, una de las embarcaciones que formaban parte de aquella celebérrima flota, justo cuando el portugués se disponía a descubrir el estrecho paso que hoy lleva su nombre, desertó y regresó a España. Uno de los marineros que en ella iba era el portugués Esteban Gómez, quien convenció al monarca de que Magallanes trabajaba secretamente para el rey Manuel y que nunca regresaría. La revelación no satisfizo al monarca, que ordenó su inmediata detención y encarcelación. No sería liberado hasta que la nao Victoria —la única superviviente del viaje alrededor del mundo— llegase a Sevilla al mando de Juan Sebastián Elcano.

Fue entonces cuando Carlos I encomendó a Esteban Gómez la búsqueda del Paso del Noroeste. En septiembre de 1524 partió de La Coruña con veintinueve hombres y una carabela —Anunciada— construida exprofeso para esta misión. A pesar de que no consiguió descubrirlo, cartografió el puerto de Nueva York, la isla de Manhattan y el río Hudson —que bautizó como San Antonio, en recuerdo de la nave en la que había desertado tiempo atrás—.

En 1529 el portugués Diego Ribeiro dibujó un mapamundi en el que se describía a la perfección la costa atlántica, en lo que actualmente son los territorios de Estados Unidos y Canadá. Una zona geográfica que figuró durante mucho tiempo en los mapas sencillamente como Tierra de Esteban Gómez.

En ese mapamundi aparece con bastante precisión las costas de Centroamérica y Sudamérica, incluyendo las islas Malvinas, si bien no aparece ni Australia ni la Antártida, pero sí aparece por vez primera la extensión real del Océano Pacífico.

El mito del estrecho de Anián

Tiempo después Hernán Cortés envió una expedición de tres barcos al mando de Francisco de Ulloa en busca del paso del Noroeste. Uno de los barcos sufrió una avería y tuvo que regresar, pero los otros dos siguieron adelante y nunca más se volvió a saber de ellos, ni de los ochenta marinos que integraban sus tripulaciones.

A pesar de los descalabros, el emperador no cejó en su empeño y Juan Rodríguez Cabrillo, un navegante cordobés, zarpó de Jalisco con tres naves tratando de encontrar el estrecho Anián que, según se creía en aquella época, unía ambos océanos. Evidentemente no lo encontró, pero fundó ciudades tan relevantes como Monterrey, San Diego y Los Ángeles en la costa pacífica y cartografió las costas de Oregón.

El siguiente fue Juan de Fuca —un explorador griego llamado realmente Ioannis Phocas—, salió de Acapulco y exploró el largo estrecho que separa los Estados Unidos de Canadá y regresó a España convencido de que lo había encontrado. Su informe pilló con el paso cambiado a Felipe II, el fracaso de la Gran Armada, el control de la especiería bajo control portugués y las islas Filipinas bajo Corona española habían cambiado en aquellos momentos totalmente el mapa geopolítico.

A pesar de que España perdió todo el interés en este paso, el granadino Lorenzo Ferrer Maldonado, navegando a título personal, aseguró haber descubierto el paso partiendo desde Terranova (1609). Envió un detallado informe a Felipe III en el que indicaba que los dos océanos estaban comunicados en los 75° de latitud norte a través del estrecho de Davis y el paso de Anián.

En las cortes inglesa y francesa surgió un interés renovado, hasta el punto de que en 1745 el gobierno inglés ofreció una recompensa de veinte mil libras esterlinas a quien lo encontrara.

El primero en buscar un paso a través de los hielos fue el italiano Giovanni Cabotto, a pesar de que no lo encontró bautizó con su nombre sajón, John Cabot, a parte de la geografía por la que paó, al igual que hicieron los exploradores que le sucedieron: John Davis, Jacques Cartier y Henry Hudson. Este último penetró en la banquisa con su goleta Discovery en 1611, lo cual supuso el amotinamiento de su tripulación y el abandono en los hielos junto a otros ocho marineros, entre ellos su propio hijo.

Otro navegante que no se resistió a intentarlo fue el danés Vitus Bering, al servicio de la Corona rusa, el cual también bautizó con su nombre a algunos de los accidentes geográficos, entre ellos el estrecho que separa los continentes americano y asiático. En 1741, junto a la mayoría de sus hombres, Bering falleció con sus hombres a consecuencia del escorbuto.

James Cook, en su tercer viaje, exploró también la costa norte americana e hizo varios intentos por penetrar en el océano Ártico, pero el consejo de George Vancouver y William Bligh le hizo desistir.

En 1792, el rey Carlos IV de España envió a explorar las tierras a Malaspina, que por aquel entonces se encontraba en el Pacífico en una expedición de carácter científico. A pesar de que la orden no fue recibida con agrado, envió dos embarcaciones —Sutil y Mexicana— al mando de dos de sus oficiales, Alcalá Galiano y Cayetano Valdés, al estrecho de Juan de Fuca. Sobra decir que el Paso del Noroeste se les resistió una vez más.

El rey de los hielos descubre el paso

A lo largo del siglo XIX, hubo tímidos intentos de llegar a él, los más importantes fueron liderados por John Ross, William Parry y Robert McClure, del que se dijo que lo había encontrado en 1851. El siguiente intento fue el de John Franklin que, rozando la séptima década de la vida, afrontó la dureza de los hielos con la ilusión de un marinero adolescente. Al frente de los buques Erebus y Terror, y ciento veintiocho hombres, desató una actividad frenética organizando multitud de búsquedas. Todas ellas con la misma fortuna que aquellos que le precedieron.

La suerte cambió con la expedición del noruego Roald Amundsen, a bordo de la goleta Gjøa consiguió al final conectar el océano Atlántico con el Pacífico acompañado de tan solo seis expedicionarios y a bordo de un atunero reconvertido. De esta forma se puso fin a uno de los santos griales de la historia de la navegación. Corría el año 1906. Sin embargo, la historia lo recordará como el hombre que consiguió llegar por vez primera al Polo Sur, pero esa será la historia de otro de nuestros capítulos.

34. EL DESEO INDÓMITO DE DESCUBRIR LO INEXPLORADO

Para conductor científico, denme ustedes a Scott; para viajar veloz y eficientemente, a Amundsen, pero cuando uno se encuentra en una situación desesperada, cuando parece que no hay salvación, conviene arrodillarse y pedir a Dios que le envíe a Shackleton

Nos encontramos en 1914, Gran Bretaña entra en la Primera Guerra Mundial, se abre el canal de Panamá y se progresa en la radiotelegrafía tras el hundimiento del Titanic. Además, el 1 de agosto se inicia en el puerto de Plymouth (Inglaterra) uno de los viajes más apasionantes y arriesgados que ha realizado el ser humano: la expedición imperial Transantártica.

Era una misión audaz y temeraria, su objetivo no era otro que atravesar el continente helado, el último que quedaba por explorar, de punta a punta y alcanzar la isla de Ross, en el otro extremo. En total había que recorrer unos dos mil novecientos kilómetros, de los cuales más de la mitad nunca habían sido explorados con anterioridad.

El capitán de la expedición había justificado la aventura de la siguiente guisa: «Desde el punto de vista sentimental es el último gran viaje que puede emprenderse. Será más importante que ir al Polo y creo que corresponde a la nación británica llevarlo a cabo, pues nos han derrotado en la conquista del Polo

Norte y del Polo Sur. Queda el viaje más largo e impresionante de todos: la travesía del continente antártico».[38]

Expedición Imperial Transantártica

Ernest Shackleton nació en 1874 en Kilkee (Irlanda), en el seno de una familia humilde. Con diecisiete años se enroló en un barco mercante y nunca más volvió a abandonar la mar. A pesar de su coraje y su destreza sufrió más de un revés en sus intentos para conseguir la fama y la gloria.

En 1901 participó, bajo la dirección de Robert Falcon Scott, en la expedición Discovery, en la cual llegaron por vez primera al mar de Ross, en la Antártida. En aquel viaje, Shackleton enfermó de escorbuto y contra su voluntad se lo devolvió a Inglaterra. Siete años después capitaneó una expedición con el buque Nimrod, en la que consiguió alcanzar el Polo Sur magnético, si bien se quedó tan solo a noventa y siete millas del Polo Sur.

Para reclutar a la tripulación del viaje que le dio la gloria meses atrás, Shackleton había publicado un descorazonador anuncio en el prestigioso periódico *The Times*: «Se necesitan hombres para viaje arriesgado. Poca paga, mucho frío, largos meses en completa oscuridad; peligro constante, sin garantía de regreso. Honor y reconocimiento en caso de éxito».[39]

Al anuncio respondieron más de cinco mil personas. A todas ellas les unía lo mismo, un romántico y poderoso espíritu de aventura. El capitán seleccionó a veintiséis hombres, entre los cuales se encontraba el fotógrafo australiano James Francis Hurley, el cual dejó para la historia ciento cincuenta magníficas fotografías y el experimentado marino neozelandés, Frank Worsley, el cual jugó una labor muy importante. A la tripulación se sumaría un polizón de dieciocho años que se les infiltró en la capital argentina, Percy Blackborrow, quien pondría mucho tiempo después en negro sobre blanco la aventura polar.

---

38 Alfred Lansing, Endurance. *El legendario viaje de Shackleton al polo sur* (Editorial Capitán Swing. 2015).
39 *Ibid.*

Gracias a su ágil narración podemos saber de primera mano los sueños de gloria, la camaradería de la tripulación y la emoción de la partida, pero también la sensación de fracaso y el temor ante una muerte inminente. La expedición, además de la tripulación, la completaban sesenta y nueve perros de trineo y una gata atigrada a rayas —la señorita Chippy—.

Para la expedición, a la que se bautizó con el pomposo nombre de Expedición Imperial Transantártica, el capitán irlandés compró una goleta noruega llamada Polaris, construida a base de planchas de roble y un grosor que en la proa superaba el metro de espesor. Rebautizó al barco con el nombre de Endurance —resistencia—, que resumía a la perfección el carácter con el que se iba a enfrentar a la aventura.

Atrapados en el hielo

Tras una larga travesía desde Inglaterra, el Endurance llegó a la Antártida en un clima extremadamente gélido. El destino era la bahía de Vahsel, el punto más al sur explorado hasta el momento, situado en el mar de Weddel a 77° 49'S. Era el lugar elegido en el que debían desembarcar para cruzar el continente helado.

Cuando se encontraban a tan solo ciento sesenta kilómetros —una singladura— el barco fue rodeado por los hielos. El meteorólogo de la expedición escribió: «nos vimos atrapados como una almendra en medio de una barra de chocolate. Todo el mar se heló y nosotros con él».[40] En ese punto solo les quedaban dos opciones: resistir o morir. Para conseguir lo primero había que esperar al deshielo. Shackleton reunió a sus hombres y les dijo que se preparasen para pasar el invierno en los hielos. Y eso fue justo lo que hicieron.

El capitán conocía sobradamente la historia de la exploración polar, donde las desavenencias entre la marinería habían sido las responsables de trágicos resultados, sabía que si había alguna posibilidad de supervivencia consistía en mantener a su

---

40 Caroline Alexander, *Atrapados en el hielo: la legendaria expedición a la Antártida de Shackleton* (Editorial Booket. 2003).

tripulación unida. Todos, incluido él, se repartieron las tareas y compartieron la misma alimentación.

Así pasaron diez meses sobre el mar congelado, donde libraron partidos de fútbol, leyeron la enciclopedia británica y disfrutaron de espléndidos conciertos de gramófono. La presión que ejercía el hielo sobre el casco hizo que el buque se fuera despedazando lentamente, mientras los tripulantes trataban de liberarlo, pero todos los esfuerzos fueron infructuosos y, al final, no tuvieron más remedio que abandonarlo.

El 27 de octubre, Shackleton dio la orden de abandonar el barco y llevarse con ellos todo aquello que les pudiera ser de utilidad. Con la ayuda de tres botes salvavidas salvaron algunos víveres y acamparon en lo que parecía un témpano estable. Una hora después de que desembarcara el último hombre fueron testigos de cómo el Endurance, convertido literalmente en astillas, se hundía para siempre por la presión de los hielos. El capitán, con una enorme tranquilidad, reunió a sus hombres y les dijo: «hemos perdido el barco y las provisiones, así que regresaremos a casa».

En ese momento el objetivo era marchar a través de la capa de hielo hasta la tierra más próxima y esperar a que un barco les recogiese, pero este plan se vio frustrado porque la superficie del hielo era blanda y quebradiza, lo que hacía imposible la marcha. Después de caminar varios días de forma infructuosa a través del hielo, decidieron montar de forma permanente el «Campamento de la paciencia» sobre un témpano de hielo, en espera de que la deriva los llevase más al norte y poder alcanzar así aguas abiertas. Allí se vieron obligados a sacrificar a los perros, que acabaron formando parte de su dieta, ya que mantenerlos vivos implicaba emplear una excesiva cantidad de carne para su alimentación.

El 8 de abril, tras cinco meses de naufragio, el bloque de hielo donde se asentaba el campamento se fracturó y quedaron a la deriva. Fue entonces cuando Shackleton optó por utilizar los botes, con temperaturas extremas de 30 °C se hicieron a la mar, y siete días después, tras navegar entre bloques de hielo, y al borde de la extenuación, llegaron a la isla Elefante, situada en el borde oriental de las islas Shetland del Sur.

La isla era desoladora e inhóspita, desprovista totalmente de vegetación, a pesar de lo cual había abundancia de focas y pingüinos, por lo que el alimento y combustible inmediato estaba asegurado. Por la isla Elefante no pasaba ninguna de las rutas de navegación, por lo que si se quedaban allí no tenían ninguna posibilidad de ser rescatados.

Viaje en el James Caird

Fue entonces cuando Shackleton decidió lanzarse en busca de auxilio, en una aventura suicida, ya que debía cruzar los mil quinientos kilómetros que le separaban a través del mar de Georgia del Sur. Habría que navegar por uno de los mares más procelosos del mundo, donde se suceden continuos vendavales de fuerza huracanada y tormentas, además de las célebres olas rodillo, procedentes del Cabo de Hornos y que alcanzan los dieciocho metros de altura. El capitán escribió más tarde: «un bote podría hacer el viaje y estar de vuelta con un barco de rescate en el plazo de un mes, a condición de que el mar estuviese libre de hielos y que el bote pudiese salir airoso en mares tan tempestuosos».[41]

Shackleton decidió que el viaje lo realizarían únicamente seis personas, por ello cargaron a bordo de un bote, llamado James Caird, de más de seis metros de eslora, las provisiones que necesitarían seis hombres durante un mes. El nombre del bote hacía alusión a sir James Key Caird, un filántropo y fabricante de productos elaborados con yute que había ayudado a la financiación de la expedición. Antes de iniciar la expedición el carpintero del barco, Harry McNish, lo reforzó para que pudiese resistir los embates de los mares.

Al primero que eligió para el viaje fue a Frank Worsley y después a Tom Crean —que le había «suplicado ir»—[42] a

---

41 Caroline Alexander, *Atrapados en el hielo: la legendaria expedición a la Antártida de Shackleton* (Editorial Booket. 2003).

42 Ranulph Finnes, *Shackleton. A biography* (Editorial Michael Joseph. 2021).

continuación pidió voluntarios para los puestos restantes. De los que dieron un paso al frente eligió a dos marineros fuertes, John Vincent y Timothy McCarthy, y al carpintero, Harry McNish. Al parecer la elección de Vincent y McNish, de personalidad «complicada», era tenerlos bajo su control y evitar situaciones embarazosas entre los que se quedaban.

El 24 de abril de 1916 los seis hombres pusieron rumbo a la isla de San Pedro, en un mar helado y encrespado. La travesía, calificada por algunos historiadores como uno de los más grandes viajes en barco jamás realizados, duró dieciséis días, en los cuales se enfrentaron a olas gigantescas.

La función del navegante fue crucial, con tan solo cuatro mediciones de sextante Worsley consiguió acertar y desembarcar en la isla. Si se hubiesen pasado de largo los vientos les habrían arrojado a la inmensidad atlántica y la muerte habría sido segura. Como curiosidad, el bote James Caird se encuentra actualmente expuesto en el claustro norte del Dulwich College, el antiguo colegio de Shackleton, en Londres.

La última aventura

Ahora «tan solo» faltaba alcanzar una factoría ballenera, situada en la vertiente opuesta de la isla, para poder rescatar a los compañeros que habían dejado en la isla Elefante. McNish utilizando tornillos de la barca los fijó en las botas de cuero para que hiciesen las funciones de crampones. Shackleton, Worsley y Crean se pusieron en marcha a las tres de la madrugada, con luna llena, mientras que McCarthy se quedó al cuidado de Vincent y McNish, los más perjudicados.

La falta de ejercicio y alimentación adecuada hizo que la marcha fuese terriblemente dificultosa, a lo cual había que añadir la peligrosidad de la travesía. Tuvieron que atravesar un inmenso campo de hielo —que actualmente se conoce como Tom Crean— y buscar el camino entre las montañas escarpadas. Después de treinta y seis horas de larga travesía, llegaron a la factoría de Stromness, donde se levantaba una de las industrias balleneras más grandes del mundo en aquellos momentos. Eran las tres de la tarde del 20 de mayo cuando tres hombres tambaleantes, demacrados y harapientos llamaron a la puerta del jefe de la estación ballenera.

Posteriormente, contaron que antes de entrar en la factoría, en un gesto de caballeros de la época victoriana, se habían tratado de arreglar la ropa con cuatro imperdibles que llevaba Worsley. Las primeras palabras del héroe fueron un susurro: «Me llamo Shackleton». A continuación, preguntó si la guerra había terminado. La respuesta fue tajante: «No. Los hombres mueren a millones. Europa se ha vuelto loca. El mundo se ha vuelto loco».

El 30 de agosto de 1916, Shackleton regresó a la isla Elefante y rescató con vida al resto de la tripulación. El Endurance se había perdido en las ventiscas del olvido, pero el capitán irlandés regresaba con toda su tripulación a Inglaterra.

Ejemplo de liderazgo

Al final de la epopeya Shackleton proclamó: «No hemos perdido ni una sola vida y eso que hemos pasado por el infierno». La verdad es que el capitán cumplió lo prometido, sus hombres alcanzaron «honor y reconocimiento».[43]

Es fácil ser un héroe cuando se alcanza el triunfo, pero no tanto cuando se naufraga en el fracaso. Nadie puede dudar que Shackleton fue un líder extraordinario que supo anteponer la seguridad de la tripulación por encima de su ego personal, entendió que la supervivencia era más importante que la meta. Supo dar muestras de enorme grandeza, si hubiera que sintetizar en una tarjeta de visita cuatro adjetivos que le definieron nos quedaríamos con: valentía, sacrificio, solidaridad y, desde luego, trabajo en equipo. Además, Shackleton demostró tener un talento innato para vencer las adversidades.

Seis años después de la aventura, Shackleton regresó a Georgia con algunos compañeros de la expedición anterior. Desgraciadamente, ese mismo día falleció a consecuencia de una parada cardiaca. Fue enterrado allí mismo, mientras uno de sus compañeros tocaba con un banjo *Canción de cuna* de

---

43 Ranulph Finnes, *Shackleton. A biography* (Editorial Michael Joseph. 2021).

Brahms. En la parte trasera de la lápida se escribió un verso de Robert Browning que resume a la perfección su biografía: «Un hombre ha de esforzarse hasta el final por el precio en que ha fijado su vida».[44]

44 Javier Cacho, *Shackleton el indomable* (Editorial Forcola. 2013).

35. A LA CONQUISTA DE LOS CIELOS

Viajeros incansables, fervientes enamorados del aire y amantes de la curiosidad, así podríamos definir a los pioneros de la aviación

Los primeros pasos en la conquista de los cielos son apasionantes, en poco más de dos décadas se pasó del primer vuelo con motor de la historia (1903) a cruzar el océano Atlántico en solitario (1927), en unos aviones que a día de hoy no pasarían los más mínimos controles de calidad.

En mayo de 1919, tres hidroaviones estadounidenses se lanzaron a la aventura de recorrer el océano Atlántico. Partieron de Nueva York, pasaron por Terranova, las islas Azores, Portugal y finalmente alcanzaron Inglaterra. Recorrieron seis mil kilómetros en tan solo tres semanas.

Apenas dos semanas después dos aviadores británicos — John Alcock y Arthur Whitten Brown— se propusieron cruzar el Atlántico, pero sin detenerse. Lo hicieron por la zona más estrecha, la que separa Terranova de Irlanda —apenas tres mil kilómetros— a una velocidad media de ciento noventa y tres kilómetros por hora. Necesitaron dieciséis horas de vuelo para conseguir su hazaña e inscribir sus nombres en la historia de la aviación. Los aviadores se hicieron, además, con el premio de diez mil libras esterlinas que ofrecía el diario británico *Daily Mail* al que consiguiera realizar la hazaña por vez primera.

En 1927 el aeroplano Spirit of St. Louis, metálico y con alas de madera, pilotado por Charles Lindbergh, cruzó el Atlántico en el primer vuelo en solitario y, lo más importante, sin escalas entre Nueva York y París. Empleó para ello treinta y seis horas y treinta minutos, salvando una distancia próxima a los seis mil kilómetros. Para realizar la gesta se sirvió de una sencilla brújula y con la única compañía de su mascota, una pequeña gata gris.

Los zepelines los reyes del cielo

En 1928, el dirigible alemán Graf Zeppelin LZ 127 sorprendió a propios y extraños al realizar su primer vuelo transoceánico. El nombre del dirigible homenajeaba a Ferdinand von Zeppelin, el inventor alemán que creó su primer dirigible y sobrevoló el lago Constanza con éxito. En aquella ocasión acompañaron al teutón cinco personas, tardaron diecisiete minutos en recorrer una distancia de seis kilómetros.

El Graf Zeppelin LZ 127 sobrevoló el océano Atlántico en más de ciento cincuenta ocasiones y realizó el primer vuelo alrededor del mundo, un viaje que duró tres semanas durante las cuales recorrió más de treinta y cuatro mil seiscientos kilómetros. Fue una travesía no exenta de peligros, en la que no faltaron las tormentas, el frío, el viento enfurecido ni la nieva.

Fue en agosto de 1929 cuando el capitán de vuelo, Hugo Eckener, se elevó con el zepelín sobre el cielo de Friedrichshafen (Alemania) rumbo a la capital japonesa, desde donde partió hacia Los Ángeles, ciudad que le serviría de puente para llegar hasta Lakehurst (New Jersey) antes de atravesar el océano Atlántico y completar la primera vuelta al mundo por los cielos. El LZ127 estuvo ciento veintiocho horas sin tocar suelo y batió el récord que había hasta ese momento. Veinte pasajeros, además de cuarenta y un tripulantes, fueron los protagonistas de aquella hazaña. Entre el pasaje se encontraba un galeno canario, el doctor Jerónimo Mejías.

Los otros pasajeros eran seis norteamericanos, cinco alemanes, tres japoneses, un suizo, un ruso, un australiano, un francés y una inglesa, la única mujer, lady Grace Hay Drummond. Cada uno de los pasajeros tan solo podía llevar un equipaje con un peso no superior a veinte kilos.

Apenas tres años después, en junio de 1931, el piloto norteamericano Wiley Hardeman Post y el navegante australiano Harold Charles Gatty dejaron el condado de Roosevelt Field, en Long Island, Nueva York, a bordo del Winni Mae —un Lockheed Vega 5C— para emprender su gran sueño: dar la vuelta al mundo en avión. Lo consiguieron con siete días, dieciocho horas y cuarenta y nueve minutos de vuelo y haciendo escala en Berlín, Königsberg, Moscú, Novosibirsk, Irkutsk, Rukhlovo, Khabarovsk, Flat, Fairbanks y Edmonton, desde donde regresaron a Nueva York.

Los Piccard, una familia de leyenda

En nuestro recorrido no podía faltar el avión Solar Impulse, el primero tripulado que dio la vuelta al mundo sin utilizar combustibles, que empleaba únicamente la energía solar. La aeronave partió de Abu Dabi, a donde llegó nuevamente tras diecisiete escalas, una de ellas en suelo español —Sevilla— y quinientos días de viaje. Los pilotos que consiguieron alcanzar la gloria, a los que podríamos bautizar como «héroes de la sostenibilidad», fueron los ingenieros André Borschberg y Bertrand Piccard.

Piccard, psiquiatra de formación, ya había hecho historia con anterioridad (1999) al realizar el primer viaje en globo aerostático alrededor de la Tierra sin escalas. Lo hizo a bordo del Breitling Orbiter 3 junto con el británico Brian Jones.

La verdad es que Piccard lleva la exploración y la aventura insertada en su código genético, no en balde su abuelo fue el primero en volar a la estratosfera y su padre el primero en descender al fondo de las Fosa Marianas.

En 1931 Auguste Piccard (1884-1962) conquistó la altura de 15 971 metros en la primera cabina presurizada de la historia. La finalidad de esta aventura era exclusivamente científica, Piccard quería observar los rayos cósmicos y apoyar la teoría de la relatividad de Einstein. Fue precisamente este personaje el que sirvió de inspiración a Hergé para crear el personaje del profesor Tornasol.

El hijo de Auguste —Jacques Piccard (1922-2008)— protagonizó otra de las grandes aventuras de la exploración —el 23 de enero de 1960— al descender a casi once mil metros de profundidad con el batiscafo Trieste, alcanzado de esta forma el punto más de la superficie terrestre, en la Fosa de las Marianas.

36. POR EL OCÉANO PACÍFICO EN BALSA

La *Encyclopedia Britannica* concede a Thor Heyerdahl el doble de espacio que a Edmund Hillary, el primero en coronar el Everest, y tres veces más que a Roald Amundsen, el primer hombre en llegar al Polo Sur
«Intenta tú mismo viajar en una balsa desde Perú a las islas del Pacífico». Esta fue la desafiante frase con la que el arqueólogo Herbert Spinden increpó en 1946 a Thor Heyerdahl tras escuchar su impetuosa teoría de que el archipiélago polinesio había sido colonizado por indígenas sudamericanos. El aventurero noruego aceptó el reto.

Y es que el etnólogo y zoólogo noruego Thor Heyerdahl (1914-2002) defendía que los indígenas habían llegado hasta las islas de Polinesia viajando casi ocho mil kilómetros utilizando balsas entre el siglo v y xi d. C.

Todo empezó en una luna de miel
Corría el año 1937 cuando Thor, un joven de veintitrés años y su esposa Liv Rockefeller desembarcaron en Fatu Hiva, una isla de las Marquesas, para disfrutar unos días de su luna de miel. Fue allí donde el antropólogo quedó fascinado con las leyendas locales, al parecer los ocupantes primigenios de la isla procedían del sol Naciente.

Heyerdhal unió la mitología a sus conocimientos científicos y dio forma a una hipótesis que le haría famoso: «los vientos alisios vienen de América y, por tanto, los primeros habitantes de estas islas, también».

Heyerdahl estaba convencido de que «el jefe-dios blanco Tiki, expulso del Perú al Pacífico por los antepasados de los incas, era idéntico al jefe-dios Tiki, hijo del Sol, a quien los habitantes de todas las islas del Pacífico veneraban como el fundador de su raza».[45] Ahora «solo» le faltaba poder demostrarlo.

La pareja pasó un año en las islas Marquesas, tiempo durante el cual él trabajó como zoólogo, pero la lluvia tropical y las enfermedades fueron determinantes para que no tuvieran más remedio que retornar a Noruega, lo cual no significaba que el antropólogo diera carpetazo a su teoría.

Durante la década siguiente Thor no dejó de estudiar las dos culturas, la polinésica y la sudamericana, con lo que resumió una abundante constelación de datos con la que sustentar su hipótesis, cuando todo estuvo listo recorrió prestigiosos ámbitos académicos buscando apoyo. Sin embargo, nadie le prestó atención.

Cinco noruegos, un sueco y un loro

Fue entonces cuando pasó a buscar sus compañeros de viaje, el artista y navegante Erik Hesselberg, el sociólogo Bengt Danielsson, el experto en radiocomunicaciones y héroe de la Segunda Guerra Mundial, Knut Haugland, el experto en transmisiones de radio, Torstein Raaby, y al ingeniero especializado en mediciones técnicas, Herman Watzinger.

Erik Hesselberg era un marinero cualificado con cinco años de experiencia en la marina mercante, lo cual le convertía en el único miembro de la tripulación de la Kon-Tiki con experiencia marítima. Además, se había graduado en arte y por ese motivo fue el encargado de pintar la cara de Kon-tiki Viracocha en las velas de la balsa.

Bengt Danielsson se había licenciado en antropología por la Universidad de Uppsala, era el único de la expedición que hablaba español y fue el encargado de las provisiones y del racionamiento de los alimentos. Knut Haugland tenía experiencia como operador de radio, un puesto que desempeñó de

45 Thor Heyerdahl, *La expedición de la Kon Tiki* (Editorial Juventud. 1963).

forma sobresaliente en las acciones de sabotaje de la batalla del agua pesada, en Rjukan (1943). Torstein Raaby era un hombre intrépido que había pasado muchos meses en la meseta de Finnmark, detrás de las líneas enemigas, en condiciones extremadamente difíciles. Por último, Herman Watzinger estuvo encargado de registrar las observaciones meteorológicas e hidrográficas y fue el segundo al mando de la balsa Kon-tiki.

Además de los seis aventureros —cinco noruegos y un sueco— la expedición se completaba con una mascota, un loro llamado Lorita, la nota femenina del viaje.

Una balsa con troncos y materiales

En cierta ocasión Kipling escribió: «hay algo perdido más allá de los montes. Algo perdido te ayuda. ¡Ve!».[46] El explorador noruego no hizo más que seguir su consejo.

Basándose en las descripciones de los conquistadores españoles, Thor se encargó de construir una balsa con dieciocho troncos de madera cruzados, unidos con lazos de cáñamo. Era una réplica inequívoca de las que usaron los pueblos precolombinos, construida sin clavos ni acero. Los nueve troncos de la base medían 13,7 m de longitud y sesenta centímetros de diámetro. La frágil embarcación tenía un mástil de nueve metros de altura y una vela cuadrada fija de veintisiete metros cuadrados, que no daba margen de maniobra. Una espadilla actuaba a modo de timón.

La balsa fue bautizada con el nombre de Kon-tiki, un jefe nativo indígena que había navegado en una enorme embarcación de madera desde Perú hasta donde se pone el sol. Con ella pretendía cruzar el Pacífico Sur, con la única ayuda del viento y las corrientes.

A pesar de lo disparatada aventura, el antropólogo noruego consiguió que representantes de los Estados Unidos les proporcionasen no solo sacos para dormir, sino también protectores

46 Rudyard Kipling, *Beyond the pale. Editorial CreateSpace Independent* (Publishing Platform. 2014).

solares, raciones de alimentos de campaña, alimentos enlatados, instrumentos de medición y un equipo de radio.

Un centenar de días de navegación

El 28 de abril de 1947, en el Puerto de El Callao (Perú), comenzó la Odisea: «... entonces se izó el mástil de bambú que sostenía la vela, en cuyo centro se veía la cabeza barbada de Kon-tiki pintada en rojo por nuestro artista Erik. El dibujo era copia fiel de la cabeza del Rey-Sol labrada en piedra roja en una estatua de la antigua ciudad de Tiahuanaco. A lo largo de una driza que iba hasta el mástil, ondeaban las banderas de los países que nos apoyaban. En el fondo de mi corazón, sabía que tendríamos éxito...».

La expedición partió con mil litros de agua potable y más de dos centenares de víveres, entre cocos, calabazas, papas, frutas y raíces. Durante la aventura se fueron proveyendo de lo que el mar les proporcionaba, pescaron desde atunes hasta tiburones, pasando por peces voladores. Cuando el agua potable se terminó no tuvieron más remedio que hidratarse con la linfa de los peces.

El 24 de mayo de 1947, recogieron en su bitácora: «... cuando el gigante se acercó más a la balsa, reímos a carcajadas estúpidamente, sobreexcitados con la fantástica visión que teníamos delante. Era un animal extremadamente raro, un tiburón ballena, con un promedio de diecisiete metros de largo, y según los zoólogos, unos quince mil kilos de peso...».[47]

El sexagésimo día de navegación Lorita fue arrastrada por una ola y cayó al mar, donde murió ahogada. Fue la única pérdida que tuvieron que lamentar, si bien es cierto que sustos no les faltaron, como cuando Raaby trató de recuperar un saco de dormir y se precipitó desde la balsa. En apenas unos segundos había quedado atrás, lo que le colocaba en una situación terriblemente peligrosa, dado que la balsa no podía virar. Watzinger estuvo muy acertado al lanzar rápidamente un

47 Thor Heyerdahl, *La expedición de la Kon Tiki* (Editorial Juventud. 1963).

salvavidas atado con una cuerda al que consiguió llegar Raaby justo cuando empezaba a desfallecer.

Después de ciento un días de singladura se completó la travesía de unos siete mil kilómetros que, supuestamente habrían recorrido los pueblos preincaicos más de mil años atrás. El punto de llegada fue el atolón de Raroia, en la isla de Tuamotu. Lo habían hecho exactamente igual que los pueblos precolombinos. Bueno, para ser fieles a la verdad, Thor y sus compañeros de viaje habían contado con una «pequeña ayuda», utilizaron algunos instrumentos modernos como un equipo de radio NC-173.

La ciencia le acabó dando la razón

El viaje de Thor se convirtió en leyenda cuando, en 1951, logró el Oscar al mejor documental, dirigido y escrito por el propio Thor y publicó el libro en el que narraba la expedición, fue traducido a setenta idiomas y se convirtió en un *best-seller*, se vendieron más de cincuenta millones de ejemplares.

Durante la última etapa de su vida, su porte recio como el de un viejo elefante, el rostro cincelado por el salitre, su acento de extranjero y su pose de héroe fueron una constante en Tenerife. Y es que allí se instaló definitivamente, concretamente en Güimar, junto a su última esposa, la actriz y modelo francesa, Jacqueline Beer. Llegó allí atraído por las enigmáticas pirámides, unas construcciones que no eran, como hasta ese momento habían señalado algunos, simples amontonamientos de piedras dejados por los lugareños.

El reconocimiento definitivo al antropólogo noruego llegó décadas después, cuando la revista *Nature* se hizo eco de un estudio en el que se analizó el ADN de 807 personas de catorce islas de la Polinesia y de quince poblaciones costeras del Pacífico, desde Chile hasta México.

El estudio realizado por investigadores de la Universidad de Stanford, le daba la razón a Heyerdahl, el estudio genético mostraba que los polinesios tuvieron contacto con los antiguos pueblos precolombinos. Con este estudio la arqueología, los estudios lingüísticos y los análisis genéticos remaban en la misma dirección.

Actualmente la balsa Kon-tiki es visitada por miles de turistas en su amarradero final, en un museo de la capital noruega. Allí también se puede observar el Ra II, un bote de papiro con el Heyerdahl navegó desde la costa oeste de África hacia Barbados, y una embarcación construida con caña con la que el explorador pretendió demostrar la conexión que pudo existir entre el valle del Indo y Mesopotamia. Pero eso, como diría Kipling, es otra historia.

37. LA MOTOCICLETA QUE MODELÓ EL ALMA REVOLUCIONARIA

Aquella máquina fue testigo mudo de un viaje en que se forjó el espíritu más comunista del que sería uno de los iconos revolucionarios del siglo XX

Una vez finalizada la Primera Guerra Mundial, la industria británica se encargó del desarrollo de nuevas motocicletas en beneficio de las fuerzas armadas. En 1935 la compañía Norton sacó al mercado su modelo 16, con el que armó las unidades de motociclismo británicas durante la Segunda Guerra Mundial.

Fue una de estas motos —una Norton 500 de 1939— la que utilizaron dos argentinos para realizar un viaje de doce mil kilómetros durante siete largos y fructíferos meses. Los protagonistas de esta odisea se llamaban Ernesto Guevara y Alberto Granado.

A lomos de La Poderosa II

En 1950, cansado de una situación económica que lo agobiaba, Ernesto Guevara (1928-1967) decidió interrumpir sus estudios de medicina y buscar trabajo en la marina mercante. Fue contratado como enfermero en los buques de bandera argentina Anna G, Florentino Ameghino, y General San Martín. Más adelante se trasladaría a otros cargueros y petroleros con los que viajaría por las costas de Brasil y Venezuela.

Mientras trabajaba en la marina mercante estudiaba algunas de las asignaturas que todavía le restaban por aprobar y a las que luego se presentaría de forma libre en la facultad de medicina de la Universidad de Buenos Aires.

Cuando Ernesto Guevara perdió su trabajo viajó hasta Córdoba a visitar a su novia María del Carmen «Chichina» Ferreyra. Aprovechó la ocasión, además, para reencontrarse con los hermanos Granado. Fue durante esta estancia cuando planeó con uno de ellos —Alberto— recorrer cinco países sudamericanos a lomos de una motocicleta. Se trataba de una Norton de quinientos centímetros cúbicos de cilindrada a la que llamaban La Poderosa II.

Cuando muchos años después un periodista le preguntó a Alberto Granado (1922-2011) el motivo que les impulsó a realizar aquel viaje, respondió de forma contundente: «Primero queríamos conocer el mundo; después nos dimos cuenta de que era un poco difícil; el mundo era muy grande y nosotros queríamos hacer muchas cosas. Porque además de recorrer el mundo, nosotros queríamos ser científicos, queríamos conocer los pueblos; nos gustaba bailar, nos gustaba hacer deporte, o sea, eran muchas cosas que se reunían. Pero la meta más importante era hacer el viaje».[48]

La desigualdad de la América latina

El viaje se inició el 29 de diciembre de 1951, por aquel entonces Alberto, un bioquímico cordobés, tenía veintinueve años y el rosarino Ernesto seis menos. Como reconocería el «Che» tiempo después: «ese vagar sin rumbo por nuestra Mayúscula América me ha cambiado más de lo que creí».[49] Juntos iniciaron un viaje a través de cinco países: Argentina, Chile, Perú, Colombia y Venezuela.

Afortunadamente disponemos de todo tipo de detalles de lo que ocurrió durante aquel iniciático viaje, ya que fue la pluma del propio Guevara la que plasmó *Notas de viaje*, un cuaderno de bitácora que sería el alma del libro *Diarios de motocicleta*.

El viaje comenzó en la ciudad de Buenos Aires, desde donde se dirigieron a Villa Gesell en donde pasaron una semana.

48 Alberto Granado, *Con el Che por Sudamérica* (Editorial Marea. 2013).
49 Ernesto Guevara, *Diarios de motocicleta* (Ediciones B. 2005).

De allí enfilaron hacia el sur, hasta Bariloche, punto geográfico en el que terminaría el recorrido en suelo argentino.

Antes de abandonar su «Argentina querida» ya habían tenido algún que otro percance con la moto y es que la cantidad de bártulos —mantas, ropa, utensilios de cocina, palas y picos— que llevaban con ellos modificaba continuamente el centro de gravedad lo cual ocasionó más de una caída en el accidentado ripio, con las consiguientes reparaciones.

Desde Peulla, próxima a Bariloche, se encaminaron hacia el norte por Chile. Allí pudieron conocer de cerca el rostro de la pobreza y la marginación —las «venas abiertas» de la América Latina—, Ernesto aprovechó para leer y tomar notas de todo lo que veía. El viaje no fue nada fácil, no hay que olvidar que Ernesto era asmático y la enfermedad no hay más que dentellear en su salud.

Los jóvenes amigos pusieron rumbo a Osorno y en Tenuco sufrieron un aparatoso accidente —el noveno—, en el que La Poderosa II se partió por la mitad. Gastaron todo el dinero que tenían en repararla. La moto de chasis rígido y con la suspensión delantera en paralelogramo estaba llena de remiendos mecánicos. Serían los estertores de una muerte anunciada que se produjo, finalmente, al llegar a Santiago. La mítica motocicleta quedó abandonada a su suerte en medio de la soleada capital transandina.

Sin dinero y exhaustos, Ernesto y Alberto se escondieron en los baños del buque San Antonio que los transportaría hasta Antofagasta. Desgraciadamente fueron descubiertos y obligados a trabajar en la cocina hasta llegar al puerto de destino. Tras su paso por la mina de Chuquicamata comenzó su aborrecimiento a los Estados Unidos y a sus impíos intereses económicos en el cono sudamericano. En Arica, los jóvenes se despidieron de Chile. Era el 23 de marzo de 1952.

Balseros en territorio colombiano

En Perú entraron por Tacna y subieron hasta Puno, navegando por el lago Titicaca. Viajaron hasta Cuzco y Machu Picchu, Ernesto describió la zona arqueológica peruana con metáforas e imágenes que no repetiría en otros lugares de su diario. Su recorrido por tierras peruanas les hizo reflexionar sobre la historia de Latinoamérica y la invasión colonial. Tras pasar por diferentes ciudades y pueblos llegaron hasta la capital, allí se alojaron durante diecisiete días en la casa del doctor Hugo Pesce Pescetto, eminente leprólogo y mentor de Ernesto.

Camino de Colombia hicieron un alto en el leprosario de San Pablo de Loreto, en la selva amazónica, un enclave situado a mil cien kilómetros de Lima y en el límite entre Perú, Colombia y Brasil. Llegaron allí en un barco, El Cisne, después de navegar durante dos días.

Permanecieron en el leprosario durante tres semanas, tiempo durante el cual se dedicaron a realizar labores de voluntariado atendiendo a los enfermos allí ingresados, Ernesto en calidad de leprólogo y Alberto como especialista en bioquímica. Además, pescaron en el río y jugaron al fútbol, a pesar de que el asma no abandonó al «Ché» en ningún momento.

El viaje continuó en una balsa construida allí mismo y a la que bautizaron como Mambo-Tango, un nombre que hacía referencia a los dos géneros musicales que Ernesto solía improvisar para alegrar a los resignados leprosos.

De aquellas semanas Ernesto apuntó en su diario: «Soltaron amarras los enfermos y el cargamento se fue alejando de la costa al compás de un valsecito y con la tenue luz de las linternas dando un aspecto fantasmagórico a la gente».[50]

No sin grandes dificultades alcanzaron el poblado colombiano de Leticia, tras seguir los serpenteantes ríos de la selva amazónica y sobrellevando las numerosas picaduras de los zancudos que por allí habitaban. Tras una breve confusión con la policía colombiana consiguieron que les sellasen el pasaporte, eso sí, con una singular anotación: «desembarco de una balsa».

En Colombia cambiaron de profesión durante un tiempo. Granado lo describió de forma magistral: «… por la noche nos fue a visitar un dirigente del club de fútbol Independiente Sporting, para preguntarnos qué sueldo queríamos por

50 Ernesto Guevara, *Diarios de motocicleta* (Ediciones B. 2005).

238

entrenar a su equipo. Le contestamos que no podíamos fijar sueldo, que mañana iríamos a la cancha y que de acuerdo a lo que hagamos nos paguen lo que crean que merecemos».

En la entrada del día siguiente, prosigue: «… los jugadores tienen poco dominio del balón, pero son incansables y muy obedientes. Su estilo de juego es semejante al de la década del treinta en Argentina, con el arquero clavado bajo los palos, los zagueros metidos dentro del área y la línea media corriendo toda la cancha. Les dimos algunas instrucciones de la marcación hombre a hombre. Se quedaron asombrados de los resultados que dio…».[51]

Días después consiguieron llegar a Bogotá, donde tras unos altercados con la policía, un jugador argentino les regaló unas entradas para ver el partido Millonarios-Real Madrid. Allí los dos mochileros argentinos, además de disfrutar de la técnica de un imparable Di Estéfano, pudieron conversar con él.

El 14 de julio de 1952 llegaron a la frontera de Venezuela, tras los consabidos controles aduaneros atravesaron el Puente Internacional sobre el río Tachira. Ambos estaban preocupados de que la policía fronteriza descubriera el revólver que Ernesto llevaba consigo, cosa que no sucedió. Desde allí se dirigieron a la región del Páramo en los Andes venezolanos, ascendieron al pico del Águila, con sus cuatro mil ochocientos diez metros sobre el nivel del mar. Desde allí alcanzaron Caracas, pasando previamente por Valencia y Maracay.

Ya en la capital venezolana, mientras Granado realizaba algunas gestiones para conseguir un trabajo, Ernesto se dedicó a recorrer los barrios más periféricos para conocer de primera mano la realidad social del país. Finalmente, y gracias a la carta de recomendación del doctor Hugo Pesce, Alberto consiguió trabajo en el leprosario de Cabo Blanco. Le ofrecieron quinientos bolívares y alojamiento.

Apesadumbrado y agobiado por las carencias económicas, Ernesto decidió regresar a Argentina y terminar la carrera de medicina. El 26 de julio se subió a un avión Douglas que

51 Ernesto Guevara, *Diarios de motocicleta* (Ediciones B. 2005).

volaba hacia Miami desde donde inició un viaje de retorno hasta Buenos Aires. Al aterrizar en la ciudad estadounidense el piloto descubrió una avería que le obligó a tener que realizar una reparación antes de emprender la vuelta. La demora, aparentemente corta, se prolongó por espacio de un mes.

Granado narraba de esta forma el final del viaje: «él se volvió de Caracas a Buenos Aires y se graduó de médico. En menos de un año dio trece asignaturas que debía y se recibió. Ya como médico, resolvió que iba a volver a Caracas, adonde yo lo estaba esperando. Pero en el camino se encontró con unos argentinos que iban para Guatemala, se entusiasmó con la idea de ir a apoyar la revolución de (Jacobo) Arbenz y ejerció como médico, pero en una guerrilla».

De vuelta a casa

El diario de Ernesto termina con una frase que será premonitoria: «Estaré por el pueblo (…) asaltaré las barricadas y trincheras, teñiré en sangre mis armas y, loco de furia, degollaré a cuanto vencido caiga en mis manos…».[52]

Qué duda cabe que la experiencia acumulada en el viaje dejó profundas huellas en Ernesto. Desde su regreso a Buenos Aires comenzó a interesarse cada vez más por la política y se lanzó en una loca carrera contrarreloj para terminar la licenciatura, hecho que se produjo el 11 de abril de 1953.

Mucho tiempo después de aquel viaje «El Petiso», que es como Ernesto llamaba a Alberto, explicó que aquella travesía que duró nueve meses les reveló la miseria y explotación que sufrían los habitantes de la América Latina. Una revelación que sembró la semilla de la transformación de Guevara, en el guerrillero al que todo el mundo conocería simplemente como «el Che».

---

52 Ernesto Guevara, *Diarios de motocicleta* (Ediciones B. 2005).

38. LA ASCENSIÓN AL «TECHO DEL MUNDO»

Los ochomiles son montañas majestuosas que se yerguen jactanciosas sabiendo que nadie puede dominarlas, ni siquiera la luz del sol

Eran las 11:30 a. m. cuando dos hombres exhaustos, al límite de sus fuerzas, coronaban la montaña más alta del mundo. Habían realizado un esfuerzo terrible, caminando durante cinco largas horas. Sin apenas oxígeno en los pulmones, abotargados y después de recorrer un filo inestable, descubrieron que ya no había nada más, que habían llegado al final del viaje. Edmund Hillary (1919-2008) y el sherpa nepalí Tenzing Norgay (1914-1986) culminaban, de esta forma, la cumbre del Everest, con sus 8 848 metros.

¿Qué hicieron? ¿Celebrarlo? Disfrutar del momento. Pues no, lo primero fue inspeccionar si había algún testimonio de que otro escalador, concretamente Mallory, se les hubiese adelantado.

Y es que dos montañeros británicos, George Mallory y Andrew Irivine pudieron hollar la cima veintinueve años antes que ellos, en 1924. Existe la teoría de que ambos alpinistas perdieron la vida en el descenso. El secreto está presuntamente guardado en una cámara fotográfica —una Kodak Model B— que Mallory llevaba siempre consigo y en la que habría inmortalizado el momento. Todavía la cámara no ha sido descubierta.

Everest nunca pisó su montaña

Hillary se convirtió en 1953 en el primer alpinista en coronar el Everest. Los británicos anhelaban ser los primeros y para conseguirlo encomendaron una expedición al coronel John Hunt (1910-1988), un militar experimentado, que dispuso, no solo de todos los medios disponibles a su alcance, sino también de los mejores alpinistas que había en aquellos momentos en el imperio británico.

La expedición estaba compuesta por más de cuatrocientas personas, entre las cuales se incluían alpinistas, sherpas y porteadores. Todos ellos llevaron desde Katmandú al Everest más de ocho toneladas de material, en el cual se incluía un pequeño cañón, por si fuera preciso provocar una avalancha.

La presión para hollar la cumbre era enorme, un equipo suizo estuvo a punto de conseguirlo un año antes, al año siguiente se había expedido un permiso a una expedición francesa y en dos años nuevamente a los suizos. Los británicos no podrían volver a intentarlo hasta 1956.

Necesitaron cuarenta y tres jornadas para alcanzar el campamento base, a partir de ahí fueron abriendo la ruta y montando los campamentos. El último —el campamento IX a ocho mil quinientos metros— fue donde Hillary y Tenzing pasaron la noche previa a la ascensión definitiva.

Al parecer permanecieron quince minutos en la cima, se hicieron fotos, comieron pasteles y colocaron cuatro banderas —de la ONU, del Reino Unido, del Nepal y de la India— antes de empezar el descenso. Se cuenta que Tensing, devoto budista, enterró unos pocos víveres como ofrenda a los dioses que vivían en lo alto de la cordillera.

En aquellos momentos, la información no circulaba con la rapidez actual y el éxito de la expedición tardó algunos días en llegar a Londres, casualmente se conoció el día de la coronación de Isabel II, el 2 de junio de 1953.

La ascensión al Everest se produjo tan solo dieciséis años antes de que el Armstrong llegara a la luna y cuarenta y dos años después de que el noruego Roal Admunsen alcanzara el polo Sur. La Tierra se nos empezaba a quedar pequeña.

No deja de ser curioso que la montaña más alta del mundo tomara su nombre de una persona que nunca estuvo en ella, del geómetra y coronel inglés John Everest, ya que existía la prohibición expresa para los extranjeros de entrar en el país. Al parecer se asentó en territorio hindú y desde allí, a través de triangulaciones, consiguió medir el coloso con enorme exactitud.

En 1921 el inglés Howard Bury fue el primero en organizar una expedición para estudiar un camino que fuese accesible a la cumbre, debido al mal tiempo y a las enfermedades que diezmaron la expedición no tuvo más remedio que abandonar. Luego llegaría la expedición de Mallory (1924) que ya hemos comentado.

No deja de ser curioso que hasta la década de los ochenta las escaladas al Everest fuesen bastante esporádicas, tan solo se holló en setenta ocasiones en los primeros veinticinco años del siglo XX. Sin embargo, en 1999 se alcanzó la número mil, y en los últimos catorce años se calcula que se ha subido hasta en cinco mil ocasiones.

El Everest también está ligado a otro nombre, al del alpinista Reinhold Messner (1944), que fue el primero en coronar la cima del Everest en solitario y sin oxígeno. Pero sus aventuras no pararon ahí, fueron un poco más allá, cuando entre 1970 y 1986 se convirtió en la primera persona en conquistar los catorce ochomiles.

39. A LA CONQUISTA DE LOS FONDOS OCEÁNICOS

Antes de que comenzara la carrera espacial los batinautas competían por ser el primero en llegar al fondo del océano

La historia de la invención es caprichosa y muchas veces envía al rincón del olvido a personajes que deberían tener reservado un puesto de honor. En la sepultura de la indiferencia se encuentra uno de los mayores ingenieros de nuestra historia, un pionero en innovación que asombró a sus contemporáneos con las más diversas patentes.

El nombre de nuestro protagonista es Jerónimo de Ayanz y Beaumont. Nació en Navarra en 1553 y durante su infancia desempeñó un puesto muy codiciado en la corte, el de paje. No estaba al alcance de cualquiera y lo pudo conseguir gracias a que su padre era montero de Felipe II.

En San Lorenzo de El Escorial —a la sombra del monte Avantos—, Jerónimo no tardó en sorprender a propios y extraños por su afilada inteligencia y un espíritu inquieto, destacando muy pronto en disciplinas tan dispares como el latín, la geometría, la aritmética, la astronomía o la música. Fue el creador de muchos inventos, entre ellos el primer equipo de buceo de la historia. Con él se sumergió en el río Pisuerga a comienzos de agosto del año 1602. Este acontecimiento, como era de esperar, congregó a muchos vallisoletanos, que expectantes contuvieron el aliento durante el tiempo que duró la inmersión.

Parece ser que fue el propio monarca —Felipe II— el que le pidió que regresara a la superficie después de más de una hora de zambullida. Cuando Jerónimo se entrevistó con el soberano le aseguró que habría continuado bajo el agua tanto tiempo como le permitiese «la frialdad de ella y el hambre».[53]

La carrera de los batinautas

Ya entrado el siglo XX, los batinautas fueron los primeros en descubrir la extraña y maravillosa vida que se escondía en las gélidas profundidades oceánicas. En la década de los treinta los exploradores estadounidenses William Beebe (1877-1962) y Otis Barton se convirtieron en los primeros en bucear en la «batisfera», un artilugio diseñado por Beebe con el que alcanzaron los novecientos treinta y dos metros de profundidad en 1932. El escenario elegido para la ocasión fue el océano Pacífico. Previamente se habían sumergido a cuatrocientos treinta y cinco metros (1930) y a seiscientos setenta y un metros (1932), una hazaña que transmitieron en directo para los oyentes de la NBC y BBC.

La batisfera tenía un casco de metal lo suficientemente fuerte como para resistir la presión del océano, lo que permitía que los que estaban en el interior permaneciesen en condiciones atmosféricas normales, siendo innecesario tener que descomprimirse. Con ese artilugio Gloria Hollister se convirtió en 1934 en la primera batinauta femenina, alcanzando una profundidad de trescientos sesenta y ocho metros.

En 1949, Barton diseñó y perfeccionó otra nave a la que bautizó como «bentoscopio» y con la que consiguió alcanzar un nuevo record de profundidad: 1 372 metros. Tanto el bentoscopio como la batisfera colgaban de un cable amarrado a un barco en la superficie, lo cual limitaba cualquier tipo de maniobrabilidad.

El diseño fue mejorado por Auguste Piccard, al que ya nos hemos referido, al utilizar pesos de lastre desmontables y un

---

53 Nicolás García Tapia, *Jerónimo de Ayanz y Beamount, un inventor navarro* (Universidad Pública de Navarra. 2018).

tanque de flotabilidad lleno de gasolina para subir y bajar la nave. Con el batiscafo de su invención, al que bautizó como «Trieste», en 1953, consiguió establecer un nuevo record de profundidad: 3 150 metros. De esta forma se convirtió en la primera persona en explorar la estratosfera y las profundidades oceánicas.

Apenas siete años después, su hijo, el también explorador, Jacques Piccard, descendió nuevamente en el batiscafo «Trieste» a más de once kilómetros de profundidad, en la Fosa de las Marianas, junto a la isla de Guam. Con lo que sobrepasó uno de los límites de lo imposible, el del interior de las profundidades oceánicas.

40. EL PRIMER SER HUMANO EN EL ESPACIO

El soviético Yuri Gagarin se convirtió en el primer hombre en observar la Tierra desde fuera de la atmósfera

El suceso tuvo lugar el 12 de abril de 1961, en plena Guerra Fría, las fotografías de Gagarin con casco se convirtieron en uno de los iconos del siglo XX. Se estima que, desde aquel mítico día, más de quinientas personas han viajado al espacio procedentes de más de treinta países diferentes.

Quizás, solo quizás, lo que la gran mayoría de la gente recuerda de aquel enigmático momento es la sonrisa del cosmonauta, y es que su rostro ebrio de la emoción fue la mejor propaganda de la URSS en aquellos momentos, le otorgó al país una calidad humana desconocida hasta entonces.

Ciento ocho minutos en el espacio

Yuri Aleksevich Gagarin (1934-1968) procedía de una familia humilde y antes de ser piloto militar había trabajado en una fundición de acero y en una fábrica de tractores agrícolas. Durante la Segunda Guerra Mundial un avión soviético fue derribado cerca de su pueblo natal, con la ayuda de un amigo rescató al piloto y lo protegió de las tropas nazis. Fue precisamente entonces, cuando descubrió que quería ser piloto de aviones.

En 1959, el Kremlin, tras haber puesto en órbita a la perra Laika, dio luz verde a un proyecto mucho más ambicioso, poner en órbita a un ser humano. La simpatía arrolladora de Gagarin fue su mejor carta de presentación en la preselección de los cosmonautas, al tiempo que obtuvo las mejores calificaciones en las pruebas que determinaban su resistencia física y psicológica.

Hay algunas singularidades de aquel primer viaje espacial que no son del todo conocidas. Por ejemplo, antes del despegue, mientras iba en el vehículo que le llevaría a la plataforma de lanzamiento, Gagarin solicitó que se detuviera durante unos minutos para poder hacer «aguas menores». Desde ese momento, este hecho se ha convertido en un ritual que realizan todos los cosmonautas antes de lanzarse al espacio.

El 12 de abril de 1961 fue un día luminoso, marcado por un cielo despejado y un sol brillante, al menos en el lugar de lanzamiento soviético. Antes de subir a la nave, y tal y como marca la tradición rusa cuando se pasa el umbral de un hogar, Gagarin se descalzó. Una vez acomodado despegó del puerto espacial de Baikonur (Kazakstán). Al parecer en el preciso momento del despegue exclamó «poekhali», que en ruso quiere decir «vamos».

Cuando la nave se elevó Gagarin transmitió por radio: «la visibilidad es excelente. Por la ventana veo la Tierra, nubes y ríos. Es hermoso».

La duración del viaje fue lo que tardó la nave Vostok I en dar una vuelta completa alrededor de la Tierra, un tiempo más que sobrado para que se produjeran algunos errores técnicos, entre ellos que la sonda soviética superase la altitud que se había estimado. La Vostok viajó a una velocidad de 27 359 kilómetros a la hora y una vez conseguido el objetivo el módulo de servicio se separó y el módulo de descenso regresó a la Tierra con el cosmonauta. Habían sido ciento ocho minutos inolvidables tanto para el cosmonauta como para la humanidad.

Errores de cálculo en el aterrizaje

El punto de aterrizaje no fue el previsto, Gagarin finalizó su odisea en la región de Saratov, en el sur de Rusia, sobre un campo. Al parecer cuando salió de la cápsula una niña y su abuela lo observaron con ojos pávidos al creer que se trataba de un espía americano.

El impacto psicológico de aquel viaje sobre los países occidentales, en especial sobre Estados Unidos, fue inmenso, ya que los soviéticos quedaban a todas luces como los dueños de la tecnología espacial. El gobierno soviético aprovechó la ocasión para presentar a Gagarin como abanderado de su país, el Kremlin le nombró Héroe de la Unión Soviética y fue condecorado con la Orden de Lenin.

El final del cosmonauta ruso fue triste. Tan solo siete años después de aquel mítico viaje, perdió la vida al estrellarse con su caza durante un vuelo de entrenamiento. Era el 27 de marzo de 1968 y tenía treinta y cuatro años.

De cosmonauta a política

Con apenas veintiséis años —uno menos que tenía Gagarin cuando realizó su proeza— la soviética, Valentina Tereshkova (1937), abría el espacio para las mujeres, ya que se convirtió en la primera en volar al espacio exterior. El acontecimiento tuvo lugar el 16 de junio de 1963.

Valentina fue seleccionada entre más de cuatrocientas candidatas por su habilidad como paracaidista. La misión fue llevada a cabo en la nave Vostok-6, el nombre en clave de la cosmonauta era «chaika», que significa «gaviota» en ruso. Durante los tres días que duró la misión orbitó cuarenta y ocho veces alrededor de la Tierra. Una vez concluida se lanzó en paracaídas desde más de seis mil metros de altura, aterrizando en Karaganda (Kazajistán).

Tras aquel viaje Valentina nunca más volvió a viajar al espacio, recibió el título de Heroína de la Unión Soviética y se convirtió en instructora del centro de adiestramiento de cosmonautas. Actualmente ha reorientado su vida y es diputada de la Duma, el parlamento de Rusia.

De paseo por el espacio

Apenas habían transcurrido cuatro años de la aventura de Gagarin cuando los rusos sorprendieron nuevamente al mundo. Fue la mañana del 18 de marzo de 1965, Alekséi Leónov

(1934-2019), a bordo de la nave rusa Vostok II, realizó un paseo por el espacio.

El jefe de la misión le dijo antes de partir: «no puedo darte ninguna instrucción porque es la primera vez que se hace esto. Solo te pido que no tengas prisa y que nos tengas bien informados. Que el viento solar te sople de espalda».

La Vostok II se encontraba a unos quinientos kilómetros de la Tierra, sobre el mar Caspio, cuando Leónov abrió la escotilla y salió al espacio enfundado en una escafandra. Eran las siete de la mañana, en la Tierra estaba amaneciendo y el cosmonauta tenía a África en su campo visual. Leónov se quedó anonadado: «me sentí como un grano de arena». Paseó amarrado a la nave con un cable de cinco metros durante doce minutos y nueve segundos.

Posteriormente rememoró aquellos instantes: «lo que más me impresionó fue el silencio, un silencio absoluto, abrumador. Sentía como me latía el corazón, mi respiración forzada y, desde muy lejos, una voz que decía: ¡Atención, la primera persona ha salido al espacio abierto!».[54]

Apretón de manos espacial

La carrera espacial fue una competición, entre Estados Unidos y la Unión Soviética para explorar el espacio exterior, que se prolongó durante casi dos décadas —desde 1957 hasta 1975—. Se dio por terminada con la misión Apolo-Soyuz, la última del Programa Apolo. La misión estaba compuesta por una delegación soviética (Alexei Leonov y Valeri Kubasov) y una estadounidense (Thomas Stafford, Vance Brand y Deke Slayton).

El 15 de julio de 1975, con una diferencia de siete horas, fueron lazadas la Soyuz y el Apolo, el acoplamiento entre ambas tuvo lugar dos días más tarde. Pasaron tres horas más hasta que Thomas Stafford y Alexéi Leónov intercambiaron el primer apretón de manos internacional en el espacio a través de la escotilla de la Soyuz.

---

54 Federico Ira Ordway III at al., *Viajes espaciales: una historia: una actualización de la historia de los cohetes y los viajes espaciales* (Editorial Harper Collins. 1985).

Las dos naves estuvieron acopladas durante casi dos días, tiempo durante el cual intercambiaron regalos —tres semillas que fueron plantadas en los dos países—, conversaron y comieron. Una vez terminada la misión se produjo el desacoplamiento y los estadounidenses permanecieron nueve días en órbita y los soviéticos cinco.

Primer viaje turístico al espacio

Qué diferente del viaje Gagarin, el que protagonizaron, en abril del año 2022, cuatro multimillonarios turistas. A pesar de que ninguno de ellos era astronauta profesional, pudieron realizar un viaje privado a la Estación Espacial Internacional, al parecer cada uno de ellos pagó una cantidad próxima a los cincuenta y cinco millones de dólares. Dicha misión, por cierto, fue comandada por el astronauta hispano-estadounidense Miguel López-Alegría.

Los miembros de la misión Inspiration 4 orbitaron a unos veintiocho mil kilómetros por hora, daban la vuelta al mundo, aproximadamente, cada noventa minutos y más de quince veces al día. Durante su estancia en el laboratorio orbital los turistas espaciales disfrutaron de los distintos platos y comidas que preparó el chef José Andrés. El viaje finalizó de forma exitosa con el amerizaje de la cápsula con los cuatro turistas en el Océano Atlántico, cerca de la costa de Florida.

41. UN VIAJE QUIJOTESCO DE CASI CUATROCIENTOS MIL KILÓMETROS

«Un pequeño paso para el hombre, un gran salto para la humanidad»

Aunque la distancia entre la Tierra y la Luna sea de trescientos ochenta y cuatro mil kilómetros, los *Homo sapiens* no hemos abandonado la aspiración de viajar hasta el satélite que durante siglos se nos ha antojado inalcanzable.

El primer documento escrito en el que se describe un viaje a la Luna es una novela corta escrita en el siglo II por Luciano de Samósata, en ella un barco es arrastrado de forma providencial por una tromba de agua. Esta novela puede ser considerada el primer relato de ciencia ficción de la historia. Mucho tiempo después llegaron los relatos de Cyrano de Bergerac y de Julio Verne y Georges Méliés llevó a la gran pantalla su *Viaje a la Luna* en 1902.

A pesar de todo, viajar a la Luna es sinónimo de «programa Apolo», un proyecto de la NASA que surgió a comienzos de la época de los sesenta del siglo pasado, durante la presidencia de Eisenhower, y que se presentó como la continuación del programa Mercury. En ese programa se planeaba la posibilidad de poner en órbita a tres astronautas estadounidenses con la posibilidad de que pudieran aterrizar en suelo selenita.

El primer viaje a la órbita lunar

Sin embargo, los logros conseguidos por la agencia espacial soviética, especialmente con el vuelo de Gagarin, colocaron a la NASA en una situación muy delicada frente a la opinión pública. Fue precisamente en ese nuevo escenario, y consciente de la necesidad de liderar la carrera espacial, cuando el presidente Kennedy tomó la firme decisión de apoyar el programa espacial. Fue el 25 de mayo de 1961 cuando pronunció su histórico discurso frente al congreso en el que anunciaba su compromiso de enviar un hombre a la luna antes de finalizar la década.

Después de tres vuelos no tripulados —del Apolo IV al Apolo VI— llegaron los vuelos tripulados con astronautas estadounidenses. El primero fue el Apolo VII —octubre de 1968— que efectuó ciento sesenta y tres órbitas alrededor de la Tierra —durante once días— con tres hombres a bordo. Apenas dos meses después se puso en órbita el Apolo VIII, el primer viaje tripulado en la órbita lunar, por vez primera en la historia de la humanidad pudimos contemplar la cara oculta de la luna.

El ser humano llega al mar de la Tranquilidad

El 16 de julio de 1969, a las 01:32 horas p. m., despegó de Cabo Cañaveral (Florida) el cohete Saturno V, de una altura superior a la Estatua de la Libertad, con tres astronautas a bordo y un solo objetivo: llegar a la Luna. Nadie podría predecir qué iba a suceder cuando la nave alunizara, en ese momento ya no habría margen para el error.

Cuatro días después, Neil Armstrong y Edwin E Aldrin, alunizaban a bordo del Módulo Eagle, mientras el tercer astronauta —Michael Collins— permanecía orbitando en la nave Columbia, con la angustia de no saber si regresaría en solitario a la Tierra.

Una vez que el módulo se posó en suelo lunar el comandante pronunció aquellas míticas palabras: «Houston, aquí Base Tranquilidad, el Águila ha aterrizado». El primero en salir fue Armstrong, que pasó diecinueve minutos en soledad sobre la superficie lunar, al parecer su compañero se retrasó porque verificó que la puerta del módulo lunar no se cerrara, ya que no habría posibilidad de abrirla desde el exterior.

Armstrong y Aldrin permanecieron en el suelo lunar durante veintidós horas inolvidables, de las cuales tan solo dos estuvieron recorriéndola con sus propios pies. Según las estimaciones más fiables seiscientos millones de telespectadores vieron en directo la llegada del hombre a la Luna.

Los astronautas dejaron cientos de objetos en la superficie lunar, entre ellos una placa conmemorativa en la que se podía leer: «Aquí hombres del planeta Tierra pusieron por primera vez un pie en la Luna. Julio de 1969».[55] Durante la misión recogieron aproximadamente veintidós kilos de muestras de minerales lunares que serían analizadas posteriormente en la Tierra.

La misión había sido un éxito. El viaje del Apolo XI duró ciento noventa y cinco horas, dieciocho minutos y treinta y cinco segundos. Ocho largos días en los cuales los responsables de la NASA vivieron los momentos de mayor incertidumbre de sus vidas.

Una curiosidad no del todo conocida es que Collins, a pesar de tener nacionalidad americana, había nacido en Roma en 1930, debido a que su padre, que era militar, estaba destinado en la capital italiana.

Practicando deporte en suelo lunar

En 1971 le llegó el turno al Apolo XIV, un viaje en el que se recogieron numerosas muestras de una región selenita diferente a las exploradas con anterioridad. Este vuelo se hizo famoso porque antes de iniciar el viaje de regreso el astronauta Alan Sephard sacó de uno de sus bolsillos del traje espacial una pelota de golf y empleando una de las extensiones que utilizaba para recoger muestras lunares realizó un *swing*.

El Apolo XV, en julio de 1971, fue la primera misión con permanencia más prolongada en nuestro satélite —tres días— y el Apolo XVII se convirtió en la última misión tripulada a la Luna del programa Apolo, en ella participó por vez primera un científico —geólogo— en misión espacial. En esta ocasión batieron el record de permanencia anterior, estuvieron en la superficie lunar durante setenta y cinco horas.

55 Pedro León, *Eso no estaba en mi libro de exploración espacial* (Editorial Guadalmazán. 2021).

Todos recordamos a Armstrong y su famosa huella sobre el regolito lunar, pero quizás pocos recuerden que han sido seis las misiones que han vuelto a la Luna y que hasta la fecha doce astronautas han pisado la superficie lunar. Este viaje es un símbolo de la insaciable curiosidad que tiene el ser humano por explorar lo desconocido.

42. VIAJANDO DESDE EL SOFÁ

Kipling, Verne, Flaubert, Blasco Ibáñez, Conrad y muchos otros, a través de sus afiladas plumas, nos mostraron un mundo al que era imposible acceder de otra forma, una literatura que, sin duda, cambió nuestra percepción de lugares lejanos

En las novelas de viajes, el autor nos relata un conjunto de experiencias, reflexiones y escenarios por los que pasan unos personajes en el tránsito de un lugar a otro. Este tipo de literatura es de una riqueza exquisita, ya que incluye exploraciones, gastronomía, aventuras, alusiones a espacios geográficos, referencias mitológicas... En el fondo, se podría decir, que es una huida hacia adelante, con la que el autor pretende huir de la cotidianeidad en la que estamos sumergidos.

Antes de realizar este recorrido, donde evidentemente no están todos los que son, vaya por delante un merecido homenaje a uno de los escritores con los que más «he viajado» por el mundo, el periodista y amante de las buenas historias y de las palabras, Javier Reverte (1944-2020). De su mano he deambulado por ciudades italianas, por escenarios griegos, por calles estadounidenses, por acantilados irlandeses...

Reverte eligió recorrer el planeta en solitario, como los grandes escritores viajeros, y esto lo justificó en más de una ocasión: «... cuando viajas solo la gente te toma por un poco idiota y te protege, así es más fácil hacer amistad y obtener material para escribir».[56]

Quizá de todos sus libros los más aplaudidos por la crítica han sido los que forman parte de su *Trilogía de África*, un viaje que hizo siguiendo los pasos de Marlow, el protagonista de *El corazón de las Tinieblas*, y que dejó una impronta imborrable en miles de lectores.

Y es que es precisamente en el continente africano donde transcurre la trama de una de las novelas de viajes más importantes de la literatura universal. Joseph Conrad (1857-1924) echa la vista atrás y nos transporta a la época del colonialismo, lo hace desde el realismo que tan solo es posible cuando se ha viajado por esos lugares. Y es que él mismo remontó el río Congo como capitán de un barco en medio del genocidio que estaba llevando a cabo el rey Leopoldo II de Bélgica en el Congo.

Para muchos, Ryszard Kapuściński (1932-2007) fue el mejor reportero del siglo xx. En *Ébano*, nos sumerge en el continente africano y nos ofrece una fotografía íntima, en la que rechaza todos los estereotipos conocidos. Fue precisamente en ese continente en donde enfermó de malaria, vivió en casas insalubres y estuvo a punto de perder la vida a manos de un guerrillero.

La popularidad de la película *Memorias de África* encumbró a la danesa Karen von Blixen-Finecke (1885-1962) como una de las mejores autoras de novela de viajes. Su libro recoge sus experiencias durante los diecisiete años que pasó la baronesa en Kenia, en su plantación de café.

Más corto fue el viaje que emprendió el francés Gustave Flaubert (1821-1880) en 1849 a Egipto. Lo hizo en compañía de su amigo, el fotógrafo Máxime Du Camp, tiempo más que suficiente para poder describirnos la grandeza de su cultura e impregnaros de su espíritu en *El Nilo*.

---

56 Gómez, Juan J. *Los viajes de Javier Reverte comienzan en las librerías* (Revista de Verano, diario El País. 20.8.2000).

A golpes de acelerador

El manifiesto de la generación Beat fue convertido en una novela de culto por el escritor Jack Kerouac (1922-1969) en su insuperable *En el camino*. Allí nos cuenta como recorrió Estados Unidos entre 1947 y 1950, en compañía de un grupo de amigos, a golpe de Cadillac y Dodges, donde no faltaron el alcohol, la marihuana y las orgías, a partes iguales. Una enloquecida obra que escribió en tan solo tres semanas.

Más sosegado fue el viaje que realizó Nicolas Bouvier (1929-1998) en 1953, con veinticuatro años, a bordo de un diminuto Fiat por la desaparecida Yugoslavia, Grecia, Turquía, Irán y Pakistán. *Los caminos del mundo* nos transporta a una época en la que viajar significaba simplemente ponerse en camino.

También en coche, Manuel Leguineche (1941-2014) realizó *El camino más corto*. Una trepidante vuelta al mundo en automóvil que emprende un jovencísimo Manu con otros cuatro periodistas. Un relato imprescindible para los amantes de la buena literatura, en el que Leguineche nos deleita con el GPS del viajero, que no es otro que el placer por descubrir.

Otro de los nuestros, que también nos dejó sus reflexiones, además de una ingente cantidad de datos geográficos, políticos y culturales fue Vicente Blasco Ibáñez (1867-1928) en *La vuelta al mundo de un novelista*. En este caso optó por realizar su viaje en el crucero Franconia, en los años veinte del siglo pasado.

Sin salir de la literatura española. Uno de los clásicos ineludibles es, sin duda, *Viaje a la Alcarria*, de Camilo José Cela (1916-2002). Durante nueve días el premio Nobel recorrió a pie, eso sí, sin rechazar si se terciaba un carro, un autobús o un coche, las tierras alcarreñas. Tardó en escribirlo apenas una semana y llegó a tiempo para entregarlo en la fecha convenida con su editor. Con una pluma precisa nos describe curas, campesinos, buhoneros… Una amalgama de personajes que componían la España de la época. En su dedicatoria al doctor Gregorio Marañón nos explica su *modus operandi*: «por la Alcarria fui siempre apuntando en un cuaderno todo lo que veía y esas notas fueron las que me sirvieron de cañamazo para el libro».[57]

De la Patagonia al centro de la Tierra

Bruce Chatwin (1940-1989) escribió *En la Patagonia* siguiendo la estela narrativa de los mejores escritores clásicos de lengua anglosajona, allí el autor nos invita a descubrir la inmensidad del cono sur americano.

Tiempo atrás Robert L. Stevenson (1850-1894), acompañado y animado por su esposa Fanny Osbourne, se había instalado en la isla de Upolu, en Samoa, en un intento por curarse de la tuberculosis que padecía desde hacía tiempo. Allí nos dejó una crónica salpicada de anécdotas y aventuras, con una de las descripciones más completas de estas islas. Su título: *En los mares del sur*.

Si hablamos de literatura de viajes no puede faltar Julio Verne (1828-1905), un escritor en el que nos hemos detenido a lo largo de todo el capítulo 39. En 1863 publicó su primer viaje extraordinario *Cinco semanas en globo*, una aventura fascinante por África que encandiló a miles de lectores. Con un estilo personal e inconfundible, y documentados de forma minuciosa, seguirían otros títulos no menos exitosos: *La vuelta al mundo en ochenta días* (1873), *De la Tierra a la Luna* (1865) y *Veinte mil leguas de viaje submarino* (1870), entre otros. Los avances científicos y tecnológicos hicieron posible que muchas de las hazañas descritas en sus obras se hicieran realidad.

Hasta la fecha, hay una que no se ha podido conseguir, la del *Viaje al centro de la Tierra* (1864). En ella el profesor Lidenbrock descifra un viejo pergamino que le arrastrará en compañía de su sobrino Axel y un osado cazador —Hans Bjelke— al centro de la Tierra, un territorio ignoto poblado por animales antediluvianos.

Rudyard Kipling (1865-1936) escribió en 1889 *Viaje al Japón*, lo hizo en un momento crucial de la historia de este país, al comienzo de la Era Meiji. Para describir el país del Sol naciente,

---

57 Camilo José Cela, *Viaje a la Alcarria* (Editorial Destino. 2010).

se inventa un recurso literario, crea un personaje —un profesor— que le acompañará durante todo el viaje y con el que dialogará sobre el presente y el futuro del país nipón.

También eligió el enigmático sudeste asiático Peter Fleming (1907-1971), el hermano del creador del popular James Bond, para escribir *Noticas de Tartaria*. Lo hizo desde la óptica de su trabajo como corresponsal durante tres décadas para el periódico *The Times*. En su libro nos narra un viaje de casi seis mil kilómetros, un recorrido que nos lleva desde Pekín hasta Cachemira, y que realizó con la exploradora suiza, Ella Maillart, movido por el placer de viajar y escribir.[58]

Y es que, como dijo en cierta ocasión Alfonso Armada, el autor de *Las carreteras secundarias,* hay veces que «no sé si viajo para escribir o escribo para viajar».

58 Entrevista en Radio 3-RTVE. 10 julio de 2018.

BIBLIOGRAFÍA

Alexander, Caroline. *Atrapados en el hielo: la legendaria expedición a la Antártida de Shackleton.* Editorial Booket, 2003.

Arsuaga, Juan Luis; Martín-Loeches, Manuel. *El sello indeleble: pasado, presente, futuro del ser humano.* Editorial Debolsillo, 2014.

Arteche, José de Urdaneta. *El dominador de los espacios del Océano Pacífico.* Editorial Espasa-Calpe, 1943.

Barrow, John. *Mutiny: the real history of the HMS Bounty.* Cooper Square Press, 2003.

Basevi, Claudio. *Introducción a los escritos de San Pablo. Su vida y su teología.* Ediciones Palabra, 2013.

Bawlf, Samuel. *The secrete voyage of sir Francis Drake 1577-1580.* Editorial Penguin Books, 2004.

Berger, Gilda; Barletta, Martha A. *The Real Vikings: Craftsman, Traders, and Fiercesome Raiders.* National Geographic Society, 2003.

Bergreen, Laurence. *Magallanes. Hasta los confines de la Tierra.* Editorial Booket, 2006.

Bligh, William. *El motín del Bounti.* Editorial Leonaur Ltd. 2018.

Braun, Wember von; Ordway III, Federico Ira. *Viajes espaciales: una historia: una actualización de la historia de los cohetes y los viajes espaciales.* Editorial Harper Collins, 1985.

Brown, Dee. *Hear that lonesome whistle blow. The Epic Story of the Transcontinental Railroads* Editorial Owl Books, 2001.

Brown, Peter. *Augustine of Hippo.* University of California Press, 2000.

Browne, Janet. *Charles Darwin: a biography.* Princeton University Press, 1996.

Browne, Janet. *Charles Darwin: el poder del lugar.* Universidad de Valencia, 2009.

Cacho, Javier. *Shackleton el indomable.* Editorial Forcola, 2013.

Camoens, Luis de. *Los Lusiadas.* Editorial Cátedra, 1986.

Casassas Canals, Xavier; Villanueva Zubizarreta, Olatz; De Tapia Sánchez, Serafín; Jiménez Gadea, Javier; Echevarría Arsuaga, Ana. *De Ávila a La Meca. El relato del viaje de Omar Patún 1491-1495.* Universidad de Valladolid, 2017.

Casasas Canals, Xavier. *La rihla de Omar Patún: el viaje de peregrinación a la Meca de un musulmán de Ávila a finales del siglo XV (1491-1495).* Espacio, Tiempo y Forma, 2015.

Casson, Lionel. *The Ancient Mariners,* Princeton University Press, 1991.

Cervantes, Miguel de. *El ingenioso hidalgo don Quijote de La Mancha.* Alianza Editorial, 1984.

Colón, Cristóbal. *Diario de a bordo.* Editorial Taurus, 2016.

Comellas, Jose Luis. *La primera vuelta al mundo.* Ediciones Rialp, 2012.

Cook, James. *Los viajes del capitán Cook (1768-1779).* Editorial Serbal, 1985.

Crowley, Roger. *El mar sin fin. Editorial* Crítica de los Libros, 2018.

DeFelice, Jim. *West Like Lightning: the brief, legendary ride of the Pony Express.* Editorial William Morrow, 2018.

Domínguez Monedero, Adolfo. *Alejandro Magno, rey de Macedonia y de Asia.* Editorial Sílex, 2013.

Dreyer, Edward L. Zheng. *He and the Oceans in the Early Ming Dynasty, 1405-1433.* Editorial Pearson Longman, 2006.

Enríquez, Gabriel G. Sir Francis Drake. *Villano en España, héroe en Inglaterra.* Editorial Arenas, 2011.

Eslava Galán, Juan. *El enigma de Colón y los descubrimientos de América.* Editorial Planeta, 2019.

Fernández Duro, Cesáreo. *La Armada Española, desde la unión de los reinos de Castilla y Aragón.* Museo Naval, Madrid, 1973.

Finnes, Ranulph. *Shackleton. A biography.* Editorial Michael Joseph, 2021.

Fredeen, Charles. *Nellie Bly: daredevil reporter.* Editorial Lerner Pub Group, 1999.

Gallego, Rosa; Sanz, Juan Carlos. *Guía de coloraciones.* Editorial Tursen H. Blume, 2005.

García González, Manuel. *La bitácora de Humboldt.* Editorial Libros.com, 2020.

García Losquiño, Irene. *Eso no estaba en mi libro de historia de los vikingos.* Editorial Almuzara, 2020.

García Tapia, Nicolás. *Jerónimo de Ayanz y Beamount, un inventor navarro.* Universidad Pública de Navarra, 2018.

Gargantilla Madera, Pedro. *Historia curiosa de la medicina.* Editorial Esfera de los libros, 2019.

Gerville-Réache, Leo. *La vuelta al mundo del Graf Zeepeling.* Editorial Macadán, 2015.

Gómez Espelosín, Francisco Javier. *El descubrimiento del mundo. Geografía y viajeros en la Antigua Grecia.* Editorial Akal, 2000.

González de Clavijo, Ruy. *Embajada a Tamerlan.* Editorial Miraguano, 2016.

Granado, Alberto. *Con el Che por Sudamérica.* Editorial Marea, 2013.

Guevara, Ernesto. *Diarios de motocicleta.* Ediciones B, 2005.

Guía del Peregrino medieval. *Codex Calixtinus.* Centro de Estudios Camino Santiago, 1991.

Heyerdahl, Thor. *La expedición de la Kon Tiki.* Editorial Juventud, 1963.

Hillary, Edmund. *High adventure: the true story of the first ascent of Everest.* Oxford University Press, 2003.

Homero. *La Odisea.* Editorial Gredos, 2016.

Hough, Richard. *Captain James Cook: a biography.* WW Norton & Company, 1995.

Keener, Craig S; Dodson, Joseph R; Reeder, Caryn S. *Journeys of the Apostle Paul.* Ed D Bomar, 2020.

Kendall, Martha E. *Nellie Bly: Reporter for the World.* Editorial Millbrook Pr, 1992.

Kipling, Rudyard. *Beyond the pale. Editorial CreateSpace* Independent Publishing Platform. 2014

Kroll, Steven. *Lewis and Clark. Explorers of the American West.* Editorial Holiday House, 1994.

Lansing, Alfred. Endurance. *El legendario viaje de Shackleton al polo sur.* Editorial Capitán Swing, 2015.

Latil, Pierre de. *Auguste Piccard.* Editorial Cid, 1962.

Leduc-Grimadi, Mathilde. *Finding Dr. Livingstone: a history in documents from the Henry Morton Stanely Archives.* Ohio University Press, 2020.

León, Pedro. *Eso no estaba en mi libro de exploración espacial.* Editorial Guadalmazán, 2021.

Levathes, Louise. *When China ruled the seas.* Nueva York: Oxford University Press, 1997.

Livinsgtone, David. *Dr. Livinstone I presume.* Editorial Teach all nations, 2018.

Manco, Jean. *Ancestral Journeys: The Peopling of Europe from the First Venturers to the Vikings.* Editorial Thames & Hudson Ltd, United Kingdom, 2016.

Mariana, Juan de. *Historia General de España.* Imprenta y Librería de Gaspar y Roig, Editores, 1849.

Meinhardt, Maren. *Alexander von Humboldt: el anhelo por lo desconocido.* Editorial Turner, 2019.

Menzies, Gavin. *1421, el año en que China descubrió el mundo.* Editorial DeBolsillo, 2003.

Mikhel, Xosé. *Itinerario: el peregrinaje de Egeria.* Edición propia, 2021.

Muncharaz, Ana. *Viaje de Egeria.* Ediciones Palabra, 2012.

Parry, William E. *Viaje para descubrimiento paso noroeste.* Editorial Nadir, 2007.

Nortwick, Thomas van. *The unknown Odysseus.* University of Michigan Press, 2008.

Pelling, Cristopher. *Homer and Herodotos. In Epic Intentions: perspectives on Homer, Virgil and the Epic tradition.* MJ Clarke, BGF Currie, ROAM Lyne, 2006.

Pelling, Cristopher. *Homer and the Question why.* University of Texas Press, 2019.

Piccirilli, Robert E. *Paul the Apostle: missionary, martyr, theologian.* Moody Publishers, 1986.

Pigaffeta, Antonio. *Primer viaje alrededor del mundo.* Editorial Alianza, 2019.

Polo, Marco. *Libro de las Maravillas.* Ediciones Cátedra, 2008.

Rodríguez González, Agustín. *Urdaneta y el Tornaviaje: el descubrimiento de la ruta marítima que cambió el mundo.* Editorial Esfera de los Libros, 2021.

Roller, Duane W. *Through the Pillars of Herakles,* 2006.

Rose Publishing. *The life of the Apostle Paul: maps and time lines of Paul`s Journey Pamphlet.* Editorial Rose Publishing, 2006.

Rosset, Edward. *Navegantes. Narrativas Históricas.* Editorial Edhasa, 2006.

Sánchez-Ros, José María. *El insólito viaje del samurái Hasejura.* Editorial Lautaro, 2013.

Serres, Michel. *El paso del noroeste.* Editorial Debate, 1991.

Shipton, Eric. *Everest 1951.* Editorial Vertebrate Publishing, 2019.

Soler, Isabel. *El nudo y la esfera: el navegante como artífice del mundo moderno.* Editorial El acantilado, 2003.

Suárez Fernández, Luis. *Los Reyes Católicos: La expansión de la fe.* Editorial Rialp, 1990.

Sugden, John. *Sir Francis Drake.* Random House UK, 2022.

Taranilla, Carlos. *Eso no estaba en mi libro del Camino de Santiago.* Editorial Almuzara, 2020.

Tomkins, Stepehn. *El viaje Mayflower: Dios, bandoleros y la invención de la libertad.* Editorial Graphic Library, 2006.

Velasco Laguna, Manuel. *Breve historia de los vikingos.* Editorial Nowtilus, 2009.

Verne, Julio. *La vuelta al mundo en 80 días.* Editorial RBA editores, 2018.

Pascual, Carlos. *Viaje de Egeria: el primer relato de una viajera hispana.* Editorial La línea del Horizonte, 2007.

Polo, Marco. *Viajes.* Editorial Akal, 2009.

VVAA. *Camino de Santiago.* Editorial National Geographic, 2010.

VVAA. *La expedición de Balmis el primer modelo de lucha global contra las pandemias.* Editorial Geoplaneta, 2022.

Wilkinson, John. *Egeria's travels.* Editorial Oxford: Oxbow Books, 2002.

Woolford, Esteban; Warmer, Carlos. *Historia de la aviación: la evolución del avión desde los primeros vuelos.* Editorial Tikal, 2009.

Wulf, Andrea. *El increíble viaje de Alexander von Humboldt al corazón de la naturaleza.* Editorial Random Cómics, 2019.

Este libro se terminó de imprimir en el mes de agosto de 2022
en Qp Quality Print Gestion y Producción Gráfica, S.L.
Molins de Rei (Barcelona)